Paulinischer Universalismus

Alain Badiou im Lichte der Politischen Theologie

Philipp Geitzhaus

Paulinischer Universalismus

Alain Badiou im Lichte der Politischen Theologie

Philipp Geitzhaus

Edition ITP-Kompass, Bd. 26
Münster 2018

Bibliographische Information der Deutschen Bibliothek: Die Deutsche Nationalbibliothek verzeichnet diese Publikation in der Deutschen Nationalbibliographie; detaillierte bibliographische Daten sind im Internet über <http://dnb.dnb.de> abrufbar.

Paulinischer Universalismus
Alain Badiou im Lichte der Politischen Theologie

Philipp Geitzhaus
Münster 2018

Institut für Theologie und Politik, Friedrich-Ebert-Str. 7, 48153 Münster

www.itpol.de

Satz und Layout: Philipp Geitzhaus
Umschlaggestaltung: David Hellgermann
Druck: Books on Demand GmbH, Norderstedt
ISBN: 978-3-9816982-9-9

Zum Autor:
Philipp Geitzhaus (*1988) studierte katholische Theologie und Philosophie in Bonn, Madrid und Münster. Seit 2011 ist er Mitarbeiter am Institut für Theologie und Politik (ITP) und forscht zur Politischen Theologie, zur Befreiungstheologie und zur Philosophie Alain Badious. Darüber hinaus ist er in Sozialen Bewegungen aktiv.

Für Thierno

Emanzipatorische Politik wird immer jenseits der Identität gemacht, indem sie beweist, dass sie für alle Identitäten funktioniert!

Alain Badiou

Der Satz von der elementaren Gleichheit aller Menschen, diese stärkste Vermutung über die Menschheit, hat ein biblisches Fundament.

Johann Baptist Metz

Inhalt

Vorwort

Im Oktober 2013 diskutierten die Theologen Ton Veerkamp, Dick Boer, Michael Ramminger und Kuno Füssel über das Ende der Großen Erzählung. Die Diskussion fand auf einer Tagung der Bewegung ChristInnen für den Sozialismus statt, an der ich während meines Theologiestudiums teilgenommen hatte. Sie fragten, wie es heute um die Große Erzählung von Freiheit, Gleichheit und Solidarität der ArbeiterInnenbewegung steht. Macht die Rede von Freiheit, Gleichheit und Brüderlichkeit heute angesichts von Neoliberalismus und extremen Individualisierungsprozessen überhaupt noch Sinn? Diese Problematik betrifft auch das Selbstverständnis der Christinnen und Christen. Wie selbstbewusst – und verantwortet – können wir heute von der „Erlösung aus der Sklaverei" (Exodus), die zu Freiheit, Gleichheit und Solidarität führen sollte, sprechen?

Michael Ramminger hielt auf dieser Tagung ein großes Plädoyer dafür, auch weiterhin wachsam zu sein für die Möglichkeit eines Ereignisses. Denn auf ein Ereignis zu hoffen bedeute immer auch die Begrenztheit und Vorläufigkeit der herrschenden Verhältnisse – des Status quo – zu denken. An diese Möglichkeit erinnere uns der französische Philosoph und Paulusleser Alain Badiou. Das Plädoyer hat mich dazu inspiriert, zum Hoffnungscharakter des Christentums, den Umgang mit den herrschenden Verhältnissen und über Badious Philosophie aus theologischer Perspektive zu forschen.

Das vorliegende Buch ist ein erstes schriftliches Ergebnis dieser Forschungen, das ich als theologische Abschlussarbeit (Magister Theologiae) unter dem Titel „Paulinischer Universalismus. Eine Auseinandersetzung mit Alain Badious Pauluslektüre" im Wintersemester 2017/2018 im Fachbereich Katholische Theologie der Universität Münster eingereicht habe. Betreut wurde die Arbeit von Prof. Dr. Dr. Klaus Müller. Für die Veröffentlichung habe ich den Text nur unwesentlich verändert. Anmerkungen und Literaturhinweise wurden aktualisiert, Rechtschreibfehler korrigiert, und einzelne Passagen leicht „entformalisiert“ in der Hoffnung, den Text leserInnenfreundlicher zu gestalten. Am Ende habe ich der Arbeit noch einen Ausblick angefügt.

Mit diesem Buch lege ich meinen ersten ausführlicheren Versuch über die Philosophie Alain Badious vor. Der französische Denker und Kommunist ist zwar mittlerweile weltweit bekannt, viel diskutiert und durchaus umstritten, doch die Anzahl der Forschungsarbeiten – insbesondere der theologischen – zu seiner Philosophie ist in Deutschland recht überschaubar. Als Zugang zu seinem Denken habe ich sein Buch über den Apostel Paulus gewählt und mich in meiner Analyse auf dieses Buch konzentriert. Der Völkerapostel schien mir eine geeignete Verbindungsfigur zwischen christlicher Theologie und (kommunistischer) Philosophie zu sein. Die Auseinandersetzung mit Badious Paulusinterpretation hat zahlreiche weiterführende Fragen aufgeworfen, worauf ich im Buch auch immer wieder hinweise. Ich hoffe diesen Fragen in weiteren Studien zur Philosophie Alain Badious im Lichte der Politischen Theologie nachgehen zu können.

Für die Erstellung der Magisterarbeit, die damit einhergehenden Diskussionen und für die Realisierung der Veröffentlichung danke ich meinen Freundinnen und Freunden aus dem Institut für Theologie und Politik (ITP) in Münster, dem Kolloquium Politische Theologie am ITP und dem Oberseminar des Instituts für philosophische Grundfragen der Theologie der Universität Münster. Namentlich möchte ich danken Cordula Ackermann, Barbara Imholz, Benedikt Kern, Julia Lis, Michael Ramminger, Pilar Puertas, Andreas Hellgermann, Andrea Hellgermann, Claudia Huml, Andreas Kückmann, Ricarda Koschick, Kuno Füssel, Christoph Holbein, Jan Hendrik Herbst, Simon Schäfer, Jonas Erulo, Ulrich Engel und José A. Zamora. Klaus Müller danke ich für die hilfreiche Betreuung der Arbeit und David Hellgermann für die Erstellung des Buchcovers. Der Rosa Luxemburg Stiftung danke ich für die Unterstützung durch ein Studienstipendium.

1. Einleitung

In diesem Buch geht es um den Apostel und Kirchengründer Paulus und um den Philosophen und Kommunisten Alain Badiou. Ihre Verbindung ist auf den ersten Blick alles andere als naheliegend. Badiou ist weder Theologe noch Christ und Paulus zumindest kein Philosoph. Von dem sogenannten „Völkerapostel“ berichtet der Evangelist Lukas, dass er durch das Römische Imperium gereist ist, um im Namen des Revolutionärs Jesus von Nazareth Gruppen zu gründen. Diese Gruppen zeichneten sich durch eine Besonderheit aus: Sie waren dem eigenen Anspruch nach in mehrerer Hinsicht grenzüberschreitend: Unter ihnen sollte es weder Jude noch Grieche, Sklave noch Herr, Mann noch Frau geben, wie es Paulus im Brief an die Galater schrieb. Es sollte also keine Unterscheidungen bezüglich dieser Identitäts-Kategorien getroffen werden. Das einzig Wichtige war der Bezug zum Revolutionär Jesus von Nazareth. Paulus hat diese Gruppenbildungsprozesse mit Briefen unterstützt, die – noch immer – einen außergewöhnlich engagierten Ton aufweisen. Man findet dort kaum philosophische Argumentationen, jedoch bezeugt Paulus seine eigene Motivation; die Briefe sind Bekenntnisse.

Warum beschäftigt sich ein zeitgenössischer Denker mit dem Gründer einer Kirche, die heute so wenig Menschen noch etwas sagt?

Alain Badiou veröffentlichte 1997 ein Buch über Paulus unter dem Titel „Saint Paul. La fondation de l'universalisme“[1] in französischer Sprache. 2002 erschien es auf Deutsch. Er erkannte in dem Apostel den Begründer eines bestimmten Universalismus – eines politischen Universalismus, mit dessen Hilfe er solidarische Perspektiven gegen den damals aufkommenden Nationalismus und

1 Badiou, Alain: Saint Paul. La fondation de l'universalisme, Paris 1997. Zitiert als Badiou: Saint Paul.

Neoliberalismus in Frankreich aufzeigen wollte. So schreibt Badiou am Anfang seines Buches:

> Wie klar klingt demgegenüber das Wort des Paulus, ein Wort, das, wenn man die Regeln der antiken Welt kennt, im wahrsten Sinn unerhört ist: „Hier ist nicht Jude noch Grieche, hier ist nicht Knecht noch Freier, hier ist nicht Mann noch Weib" (Gal. 3,28)![2]

Badiou erkennt in diesem Satz und überhaupt im ganzen Wirken des Paulus die besondere Form eines Universalismus. Es handelt sich um einen Universalismus, der Menschen zusammenführt und zu Gleichen macht. Für „uns" heute soll dieser Universalismus gleichzeitig ein praktischer Gegenentwurf zu nationalistischer oder kapitalistischer Konkurrenz sein. Badious Paulusbuch ist ein philosophischer Versuch, einen so verstandenen Universalismus im Werk und Wirken des Apostels Paulus aufzudecken.

Zwanzig Jahre nach der Veröffentlichung von Badious Paulusbuch sind wir weltweit wieder (immer noch!) mit dem Erstarken von Nationalismus und Rassismus konfrontiert. Der Blick in die Zeitung wird zum Blick in den Abgrund der Unmenschlichkeit: Auf europäischem Boden werden „Lager" für MigrantInnen eingerichtet. In Libyen wird von Sklaverei und Folter derjenigen, die auf dem Weg nach Europa sind, berichtet. Private SeenotretterInnen, die ihre symbolischen Rettungsmissionen gestartet hatten, um die EU-Regierungen zum Handeln zu bewegen, werden diffamiert und gar für das Sterben im Mittelmeer verantwortlich gemacht. Man sagt, ihre Rettungsaktionen seien Pull-Faktoren für MigrantInnen, da ihre Hilfeleistung MigrantInnen dazu motivieren würde, mit schlechten Booten auf das Mittelmeer zu fahren. Damit wird die Rettung von Menschenleben kriminalisiert.

Doch diese „Artikulation" der Unmenschlichkeit ist alles andere als eine Notwendigkeit, wenn sich Menschen unterschiedlicher Herkunft begegnen. Im Sommer 2015 setzten sich hunderttausen-

---

2 Badiou, Alain: Paulus. Die Begründung des Universalismus, Zürich-Berlin [2]2009, 16. Zitiert als Badiou: Paulus.

de Menschen überwiegend aus den verschiedensten Ländern des Südens und Nahen Ostens in Bewegung, um in Schweden, Deutschland, Frankreich und anderen Ländern einen sicheren und würdigen Ort zum Leben zu finden. In wenigen Wochen überschlugen sich die Ereignisse. Grenzen wurden – kurz – geöffnet, Willkommensinitiativen gegründet und der Slogan der antirassistischen Bewegung „Refugees Welcome" erfuhr in Deutschland eine unerwartete Berühmtheit. Trotz vieler Brandanschläge und Attacken auf Flüchtlingsunterkünfte und UnterstützerInnen konnte die Solidarität unter und mit Geflüchteten erstarken. Manche sprechen deshalb vom „Sommer der Migration"[3]. Diese Solidarität musste aufgebaut und teilweise in feste Strukturen überführt werden. Und sie musste politisch postuliert werden.

Erst die Monate und Jahre nach diesem Sommer der Migration haben die Stimmung in einigen Bevölkerungsteilen in Deutschland und anderen Ländern kippen lassen. Nicht jede, die hier sei, könne auch hier bleiben, heißt es jetzt. Die öffentliche Artikulation von Geflüchteten und UnterstützerInnen stellte sich mehr und mehr als kompliziert heraus. So war das Thema der Bundestagswahl 2017 „Sicherheit" statt „Refugees Welcome". In diesem Sinne scheint Solidarität unter Menschen (unterschiedlichster Herkunft) zwar möglich, aber nicht selbstverständlich und auf längere Sicht hin prekär zu sein. Deshalb lässt sich die Frage danach stellen, wie Solidarität eigentlich funktioniert. Was bringt Menschen dazu, etwas Gemeinsames zu finden und zu tun? Braucht es überhaupt etwas Gemeinsames, um bestimmte Rechte zu beanspruchen? Ist es beispielsweise möglich und sinnvoll, dass Menschen unterschiedlichster Herkunft, Kultur und Sprache nicht nur nebeneinander leben, sondern gemeinsame Ideen und Ziele entwi-

3 Lis, Julia: Zwischen Austeritätspolitik und „Willkommenskultur". Befreiungstheologie treiben in der BRD, in: Ecumenical Association of Third World Theologians: Voices. Theological journal. Volume XL 2017/2, November-December 2017. Online verfügbar unter: http://eatwot.net/VOICES/VOICES-2017-2.pdf (zuletzt abgerufen am 20.01.2018), 53-64, hier 53.

ckeln? Und konkret auf den „Sommer der Migration“ bezugnehmend: Was bringt Menschen dazu, etwas anderes zu machen als das „Normale“? Wie gelingt es, so einer Ausnahme Kontinuität zu geben? Und was legitimiert eigentlich eine Ausnahme?

Ich meine, dass Alain Badiou mit seiner Paulusinterpretation zum Umgang mit diesen Fragen etwas beitragen kann, auch wenn sie nicht zur Gänze beantwortet werden können, denn diese Fragen entscheiden sich nicht in der Theorie, sondern im gemeinschaftlichen und politischen Handeln.

Politische Theologie

Die gesellschaftliche und politische Dimension der Frage nach Gleichheit und Universalität ist für Badious Paulusbuch unverkennbar, da er sie selbst immer wieder thematisiert. Sie betrifft damit auf zweierlei Weise die Theologie bzw. das christliche Selbstverständnis. Erstens sind die Praxis der ChristInnen und die Reflexion der Theologie Teil der Gesellschaft. Wenn Gleichheitsansprüche universal proklamiert werden – und es handelt sich letztlich nur um Gleichheit, wenn sie für alle gilt –, betrifft das die ganze Gesellschaft. Sie sind an alle Menschen adressiert und stellen bestehende Ungleichheiten in Frage. Wenn Gleichheit für alle, also universal gelten soll, muss sie auch für die ChristInnen gelten bzw. müssen diese und die Theologie sich zu einem Postulat universaler Gleichheit verhalten. Hinzukommt, dass auch ChristInnen einen universalen Anspruch bzw. eine universale Hoffnung proklamieren, wenn sie nach einer Gerechtigkeit für die Lebenden und die Toten streben. Korreliert diese universale Hoffnung mit dem von Badiou entwickelten Universalismus oder handelt es sich um zwei sich widersprechende Konzepte? Zweitens wird der Zusammenhang von Gleichheit und Universalität von Badiou anhand des Apostels Paulus dargestellt und begründet. Das zeigt einerseits, dass Paulus nicht nur ein christliches Erbe ist. Andererseits lässt sich diese Paulusinterpretation als Herausforderung zu einer theologischen Positionierung verstehen.

Ich situiere dieses Buch im Kontext der Politischen Theologie von und im Anschluss an Johann Baptist Metz. Diese ist es, die den theologischen Horizont darstellt, vor dessen Hintergrund ich Badious Pauluslektüre und den darin entworfenen Universalismus analysiere. Die Politische Theologie von und im Anschluss an Metz ist in den 1960er Jahren – parallel zu Badious philosophischen Anfängen – entstanden. In der intensiven Auseinandersetzung mit dem Marxismus und der Kritischen Theorie der Frankfurter Schule stellte Metz die gesellschaftliche wie geschichtliche Bedingtheit des christlichen Glaubens und der Theologie heraus. Damit verbunden war und ist die Einsicht, dass der christliche Glaube eine Hoffnungsbotschaft im Sinne der Rettung der ungerecht Leidenden bedeutet. Die Politische Theologie sieht ihre Aufgabe deshalb in der Proklamation dieser Hoffnung sowie in der Kritik Leid verursachender Verhältnisse. Dadurch versteht sie sich nicht als nachträgliche Reflexion des Bestehenden, sondern als „eingreifendes Denken" (Brecht), das in die herrschenden Verhältnisse – die Herrschaftsverhältnisse – theoretisch interveniert und sie zu überwinden sucht.

> Weltauslegung als Weltveränderung, Wahr-machen der Wirklichkeit statt ihre bloße Abbildung, Orthopraxis als Kriterium der Orthodoxie sind die Imperative einer praktisch sich reflektierenden Weltverantwortung des Glaubens.[4]

Kuno Füssel charakterisiert die Politische Theologie deshalb als eine herrschaftskritische: „Die Verkündigung der Herrschaft Gottes als Reich der Freiheit wird damit zur kritischen Gegeninstanz für alle totalitären Formen politischer Herrschaft."[5]

4 Füssel, Kuno: Sprache, Religion, Ideologie. Von einer sprachanalytischen zu einer materialistischen Theologie, Frankfurt am Main, Bern 1982, 142. Zitiert als Füssel: Sprache.

5 Füssel: Sprache, 140.

Meines Erachtens bietet sich dieser Bezugsrahmen an, da es unter den theologischen Ansätzen vor allem die Politische Theologie ist, die ihre gesellschaftliche und politische Verwobenheit und Ausrichtung zum Konstituens ihres Selbstverständnisses macht und die wie Badiou um die Veränderung der herrschenden Verhältnisse bemüht ist. Dementsprechend lautet meine zentrale Frage in diesem Buch: Welche Relevanz kann Badious Pauluslektüre für eine Politische Theologie entfalten? Dazu muss natürlich die Pauluslektüre von Badiou selbst analysiert werden. Welche Art von Universalismus sieht Badiou von Paulus begründet? Und warum greift er überhaupt auf den Apostel zurück? Badious Versuch über Paulus hat auch einen Diskussionszyklus zum Verhältnis von Universalismus und Partikularismus eröffnet, an dem sich unter anderen Giorgio Agamben und Slavoj Žižek beteiligten. Ich werde deshalb auch diese beiden Pauluslektüren in die Analyse miteinbeziehen.

Alain Badious Theoriegebäude steht in kritischer Auseinandersetzung mit dem (Post-)Strukturalismus, der Psychoanalyse und dem Marxismus. Auch seine Pauluslektüre ist von allen drei Strömungen geprägt. Obwohl Badiou in der (Politischen) Theologie bislang kaum ausführlich rezipiert wurde, trage ich mit seiner Pauluslektüre keine unbekannte Theorie an die Politische Theologie heran. Schon früh wurde durch Kuno Füssel die Semiotik, der Strukturalismus und die Marxlektüre der französischen Philosophie für die Politische Theologie fruchtbar gemacht.[6] Damit hat Füssel die Metz'sche Politische Theologie, die sich vor allem durch ihre Rezeption der Kritischen Theorie der Frankfurter Schule und von Ernst Bloch auszeichnet, durch einen weiteren Theoriestrang ergänzt. Michael Ramminger, ein weiterer Vertreter der Politischen Theologie, hat diesen Strang aufgegriffen und fortgeführt.[7] In seinen jüngeren Veröffentlichungen hat er verstärkt die Philo-

---

6 Füssel: Sprache. Sowie Füssel, Kuno: Zeichen und Strukturen. Einführung in Grundbegriffe, Positionen und Tendenzen des Strukturalismus, Münster 1983. Zitiert als Füssel: Zeichen.

sophie der Schüler von Althusser – Étienne Balibar, Alain Badiou und auch JacquesRanciére – rezipiert.[8] Auch andere TheologInnen beziehen VertreterInnen der Philosophie aus Frankreich in die Weiterentwicklung einer Politischen Theologie ein. So diskutiert beispielsweise Ulrich Engel die Ansätze von Jacques Derrida, Michel Foucault, Claude Lefort und anderen.[9] Der Grund für die Rezeption der französischen Autoren dürfte nicht nur in ihrer jeweiligen Bezugnahme auf das Christentum bestehen, obwohl erstaunlicherweise das Christentum, christliche Theologie oder Figuren wie der Apostel Paulus bei den meisten der genannten Autoren eine wichtige Rolle spielen. Darüber hinaus entnehmen die genannten Vertreter der Politischen Theologie den französischen Gesprächspartnern jedoch Ansätze, die ein besseres Verständnis von zeitgenössischen theoretischen Grundsatzfragen liefern können. Das gilt beispielsweise für das Verständnis davon, was Politik bedeuten kann, wie sich (gesellschaftliche) Veränderung denken lässt oder auch für das Verhältnis von Universalismus und Partikularismus, wie ich es in diesem Buch diskutiere.

Alain Badiou, 1937 geboren, ist ein zeitgenössischer französischer Philosoph, Mathematiker, Romancier und politischer Aktivist. Sein Werk umfasst zahlreiche Veröffentlichungen zu philosophi-

---

7 Ramminger, Michael: Mitleid und Heimatlosigkeit. Zwei Basiskategorien einer Anerkennungshermeneutik, Luzern 1998. Zitiert als Ramminger: Mitleid.

8 Ramminger, Michael: Universalität und Pluralismus. Anfragen an die Befreiungstheologie, in: Gmainer-Pranzl, Franz/Lassak, Sandra/Weiler, Birgit (Hg.): Theologie der Befreiung heute. Herausforderungen, Transformationen, Impulse, Innsbruck 2017. 95-110. Zitiert als Ramminger: Universalität. Und: Ramminger, Michael: Götzen, Fetische und das Jenseits des Kapitalismus, in: Ders./Segbers, Franz (Hg.): „Alle Verhältnisse umzuwerfen und die Mächtigen vom Thron zu stürzen“. Das gemeinsame Erbe von Christen und Marx, Hamburg-Münster 2018, 147-157.

9 Engel, Ulrich: Politische Theologie „nach“ der Postmoderne. Geistergespräche mit Derrida und Co., Ostfildern ^{2}2016, 24. Zitiert als Engel: Politische Theologie.

schen und politischen Fragen, die in mehrere Sprachen übersetzt worden sind. Jacques Lacan, Louis Althusser und Jean-Paul Sartre gehörten zu seinen Lehrern. Seine zentralen Themen umfassen eine Theorie des Subjekts und des Ereignisses, die Verknüpfung von Mathematik und Philosophie und die sogenannte „Idee des Kommunismus". Obgleich der Apostel Paulus in seinen Veröffentlichungen immer wieder Erwähnung findet, stellt sein Paulusbuch die einzige systematische Schrift zu dem Kirchengründer dar. Die Frage nach dem Zusammenhang von Gleichheit und Universalismus, die dem Paulusbuch zugrunde liegt, durchzieht hingegen sein ganzes Werk.

Mittlerweile ist Badiou auch in Deutschland ein bekannter Philosoph und zahlreiche seiner Schriften sind ins Deutsche übersetzt worden. Dennoch gibt es nicht viele Arbeiten, die sich ausführlicher mit seiner Philosophie im Allgemeinen und seinem Paulusbuch im Konkreten beschäftigen. Hervorzuheben sind die beiden auf Deutsch erschienenen systematischen Untersuchungen seines Gesamtwerks von Ed Pluth[10] und Bruno Bosteels[11] sowie eine Aufsatzsammlung von Nina Power[12], die sich mit seiner Subjekttheorie beschäftigt. Badiou verwendet und entwickelt in seinen Texten eine sehr eigenständige Terminologie, die sich unter anderem aus der Psychoanalyse Lacans, aus der Mathematik, insbesondere der Mengenlehre, wie aus dem Marxismus französisch-maoistischer Prägung speist. Diese Kombination vereinfacht den Zugang zu seinem Werk nicht und ist meines Erachtens Grund dafür, dass es bislang nur eine relativ überschaubare Anzahl von ausführlicheren Analysen zu Badious Schriften gibt.

---

10 Pluth, Ed: Badiou. Eine Philosophie des Neuen. Hamburg 2012. Zitiert als Pluth: Badiou.

11 Bosteels, Bruno: Alain Badiou. Werdegang eines Streitbaren, Hamburg 2012, 113-120. Zitiert als Bosteels: Werdegang.

12 Power, Nina: Das kollektive politische Subjekt. Aufsätze zur kritischen Philosophie, Hamburg 2015, 192. Zitiert als Power: Subjekt.

Literatur, die ausführlich Badious Pauluslektüre vor dem Hintergrund seines Werks analysiert, gibt es wenig. In der Regel werden die zeitgenössischen philosophischen Pauluslektüren im Vergleich zueinander diskutiert. Die Literatur dazu stelle ich im Folgenden Kapitel vor. Zu nennen ist hier die umfangreiche Analyse von Dominik Finkelde[13], der die Pauluslektüren von Badiou, Agamben, Žižek und Santner miteinander vergleicht. Finkeldes Arbeit, auf die ich mich in vielen Aspekten beziehen kann, ist eine philosophische und keine explizit theologische bzw. exegetische und auf Grund des Vergleichs der vier Autoren, können selbst hier die jeweiligen Werke nicht ausführlich behandelt werden. Seine Analyse zeichnet sich aber dadurch aus, dass er nicht scheut, die mathematischen Grundlagen in seinem Kapitel über Badious Pauluslektüre, zu berücksichtigen und der Leserin oder dem Leser nachvollziehbar zu machen.[14]

13 Finkelde, Dominik: Politische Eschatologie nach Paulus. Badiou, Agamben, Žižek, Santner, Wien 2007. Zitiert als Finkelde: Politische Eschatologie.

14 Finkelde: Politische Eschatologie, 19-39.

2. Paulus in der „Postmoderne“

Der sogenannte Völkerapostel Paulus fasziniert in der säkularisierten Moderne nicht nur TheologInnen, sondern auch PhilosophInnen, FilmregisseurInnen oder PsychoanalytikerInnen. Paulus bietet in seinen Briefen, in seinem Schreibstil und in seinem Wirken eine immer wiederkehrende Aktualität. Doch ist es weniger die paulinische Botschaft, dass Christus auferstanden sei, die von Interesse ist, als das Auftreten von Paulus, bzw. die Darstellung seines Auftretens in der Apostelgeschichte und in seinen eigenen Briefen. Paulus wird als revolutionärer Organisator, als Globalisierungskritiker, als Mystiker, als Parteigründer oder als intellektueller Reformer interpretiert. Der Regisseur Pier Paolo Pasolini (1922-1975) beispielsweise hält Paulus und seine Briefe für so aktuell, dass er ihn in einem Drehbuch für einen nie realisierten Film sogar unvermittelt in die Gegenwart der 1940er bis 1960er Jahre treten lässt.[1] Jerusalem wird im Drehbuch nach Paris und Rom nach New York verlegt. Paulus ist als französischer Pétainist Verfolger der Résistance, die für die frühe Kirche steht. In Barcelona widerfährt Paulus sein „Damaskuserlebnis“. Er begegnet Christus, „wechselt die Seiten und wird zum unermüdlichen Missionar in Italien (Griechenland) und Deutschland (Makedonien), bis er schließlich in Paris verhaftet, in Vichy interniert und als Gefangener nach New York überstellt wird.“[2] Pasolini interpretiert Paulus in seinem Film als ständig gespaltene Person: als „pragmatischen Organisator“ und als „rigiden Moralprediger“[3], der aber letztendlich zum Anwalt der Freiheit und Gleichheit wird. Laut

1 Vgl. Zwick, Reinhold: Pasolinis Paulus. Nachgedanken zu einem nicht realisierten Filmprojekt, 124-131, in: Wort und Antwort 49, Ostfildern 2008. Zitiert als Zwick: Pasolinis Paulus.

2 Zwick: Pasolinis Paulus, 126.

3 Ebd. 126.

Reinhold Zwick war es Pasolinis Anliegen, mit der Person Paulus und seinem aktualisierten Eintreten für die Machtlosen, für eine ebenso machtlose, aber politisch engagierte Kirche „gegen die Oligarchie des Kapitals und des Konsumismus“[4] zu werben. Mit diesem Anliegen dürfte Pasolini der gleichzeitig aufkommenden Befreiungstheologie noch näher stehen, als es die späteren philosophischen Pauluslektüren tun. Denn das Anliegen einer erneuerten Kirche im Sinne Pasolinis wurde und wird von der Befreiungstheologie vertreten, die zeitgenössischen PhilosophInnen jedoch beziehen sich auf den Apostel ohne ein über die intellektuelle Faszination hinaus reichendes Interesse an der Kirche mitzubringen. Und doch diente Pasolinis kreativer Versuch mitunter als Anregung für die späteren Pauluslektüren. Alain Badiou, der drei Jahrzehnte später einen eigenen Versuch über Paulus wagen wird, lässt sich von Pasolinis nie als Film realisiertem Drehbuch inspirieren.[5] Doch obwohl sich Badiou nicht für eine Erneuerung der Kirche interessiert, nimmt er den von Pasolini eingeführten Vergleich auf. In Pasolinis Drehbuch steht die kommunistische Bewegung für die (erneuerte) Kirche. Badiou greift Pasolinis Vergleich auf und ergänzt diesen wiederum um den Vergleich der Kirche mit der kommunistischen Bewegung.

Wenn das Interesse der zeitgenössischen Pauluslektüre nicht an einer Erneuerung der Kirche liegt, ist zu klären, warum Paulus gegenwärtig von Interesse ist. Bevor ich mich Badious Paulusinterpretation widme, werde ich einen knappen Überblick über zwei weitere aktuelle Pauluslektüren geben. Giorgio Agamben und Slavoj Žižek dürften die beiden bekanntesten Ansätze sein, die auf Badious Paulusbuch politisch-philosophisch reagiert haben. Zu Beginn dieses Kapitels werde ich mich mit den „Vorannahmen“ beschäftigen. Denn die genannten Autoren und überhaupt die gesamte philosophische Bezugnahme auf Paulus wird immer wieder

4 Ebd. 127.

5 Badiou: Paulus 49-52.

als „postmodern" (dis-)qualifiziert. Aber ist die Einordnung in „die Postmoderne" angemessen?

„Postmoderne" Paulusrezeption?

In den 1990er Jahren wurde durch Alain Badiou ein Diskussionszyklus zum Apostel Paulus eröffnet, zu dem in der Regel noch Giorgio Agamben und Slavoj Žižek als prominente Vertreter gezählt werden, obgleich wesentlich mehr DenkerInnen innerhalb und außerhalb der Philosophie diese Diskussion aufgenommen haben.[6] Badiou, Agamben und Žižek können auf Grund ihrer engen Bezugnahme aufeinander als die prominenten Vertreter begriffen werden. So werden mindestens diese drei Philosophen in der theologischen Literatur zu aktuellen nicht-theologischen Paulusrezeptionen im Vergleich zueinander diskutiert. Die Stoßrichtung dieser theologischen Auseinandersetzungen ist, die drei Ansätze dieser Philosophen unter dem Begriff der „Postmoderne" zu diskutieren und auf dieser Grundlage miteinander zu vergleichen, wie es beispielsweise in den Kommentaren von Gesine Palmer[7] und Martin Brasser[8] geschieht. Was die KommentatorInnen unter „Postmoderne" verstehen, wird jedoch in ihren knappen Analysen nicht hinreichend geklärt. Dominik Finkelde hingegen stellt gera-

6 Exemplarisch sei hier verwiesen auf Santner, Eric: Miracles Happen: Benjamin, Rosenweig, Freud, and the Matter of the Neighbor, in: Žižek, Slavoj/Santner, Eric/Reinhard, Kenneth: The Neighbor. Three Inquiries in Political Theology. Chicago, London 2005, 76-134 und Hinkelammert, Franz J.: Der Fluch, der auf dem Gesetz lastet. Paulus von Tarsus und das kritische Denken, Luzern 2011.

7 Palmer, Gesine: „Wir würden es jederzeit wieder tun". Einige Überlegungen zu Rosenzweigs Anti-Konversion im Kontext der neueren Paulusrezeption, in: Brasser, Martin: Paulus und die Politik/Paul and Politics. Rosenzweig Jahrbuch 4, 27. Zitiert als Palmer: „Wir würden es jederzeit wieder tun".

8 Brasser, Martin: Politisch man selbst sein. Badiou, Agamben, Žižek und Rosenzweig über Paulus, in: Ders.: Paulus und die Politik/Paul and Politics, Rosenzweig Jahrbuch 4, 60.

de die Diskussion um die Postmoderne oder vielmehr um die Themen und die Fragen, die mit der Postmoderne verknüpft werden, als zentral für die neue Pauluslektüre heraus. Laut Finkelde geht es den Autoren um eine Diskussion über das Verständnis dessen, was heute Universalismus und die Politik/das Politische sein könnten, in einer Epoche, die häufig mit kapitalistischer Marktwirtschaft und „postmoderne[m] Relativismus“ begrifflich gefasst werde.[9] Somit scheint die Auseinandersetzung um den Begriff der Postmoderne bzw. um die Charakterisierung jener Epoche, die als postmodern bezeichnet wird, von Bedeutung für die Analyse gegenwärtiger Pausluslektüren zu sein. Darin gilt es zu klären, ob die Autoren mit ihren Paulusinterpretationen einer vorherrschenden „Geisteshaltung“[10] – dem postmodernen Denken – affirmativ oder unbewusst erliegen oder ob sie diese kritisch wahrnehmen und in diese Geisteshaltung mit ihrer theoretischen Praxis eingreifen.

Zum Begriff der Postmoderne

Der Begriff der Postmoderne wird seit den 1980er Jahren vor allem durch das Buch von Jean-François Lyotard „Das postmoderne Wissen. Ein Bericht“[11] viel diskutiert. In seiner Arbeit kommt Lyotard zu dem Ergebnis, dass die großen Erzählungen, wie die der Emanzipation, ihre Glaubwürdigkeit verloren hätten, da es zu einer „Zerstreuung von Sprachspielen“ gekommen sei, „die das soziale Band aufzulösen schein[en].“[12] Darin sieht er aber weniger ein Problem, als vielmehr die Möglichkeit der Veränderung, für

9 Finkelde: Politische Eschatologie, 13.

10 Füssel, Kuno: Es gilt, absolut plural zu sein. Kritische Überlegungen zum Diskurs der Postmoderne, in: Ders./Sölle, Dorothee/Steffensky, Fulbert: Die Sowohl-als-auch-Falle. Eine theologische Kritik des Postmodernismus, Luzern 1993, 37. Zitiert als Füssel: Es gilt, absolut plural zu sein.

11 Lyotard, Jean-François: Das Postmoderne Wissen. Ein Bericht, Wien 1986.

12 Engelmann: Postmoderne, 11.

die er den distanzierenden Begriff „Postmoderne" im Verhältnis zur Moderne verwendet.[13] Dieser Begriff findet auch heute noch Anwendung, wie nicht zuletzt die „nachdenkliche Diskussion"[14] von Ulrich Engel zeigt. Engel entwickelt dort eine Politische Theologie „nach" der Moderne, die er in die Tradition der Neuen Politischen Theologie nach Johann Baptist Metz und Tiemo Rainer Peters einordnet. Dabei entwirft er in seinen Diskussionen keinen systematischen Begriff der Postmoderne, sondern destilliert diesen (und natürlich den einer Politischen Theologie) aus verschiedenen „Geistergesprächen", wie er seine Analysen der Werke verschiedener zeitgenössischer Denker, wie Jacques Derrida, Michel Foucault oder Jean-Luc Nancy, nennt. Postmoderne begreift Engel auf zwei Weisen. Einerseits setzt er bei der Erfahrung des Nichtidentischen im Sinne von Grenze, Bruch, Schwäche und Leerstelle an. Das bedeutet, dass ein Denken in „binären Kategorien" zu „multipolaren Praktiken" sowie „fest formatierte Identitäten im Singular" zu „fragmentarischen und offenen Identitätskonzepten im Plural"[15] weiterentwickelt werden soll. Konkret ist damit beispielsweise die Überwindung der Heteronormativität hin zur Wahrnehmung und (Selbst-)Erfahrung der queeren bzw. LGBTI-Vielfalt gemeint, die auch zum locus theologicus werden kann und soll. Auf der anderen Seite macht Engel sich das „nach" der *Post*moderne selbst zu eigen, wenn er Zygmunt Bauman zitierend die Epoche der Postmoderne kritisch als „flüchtige Moderne" bezeichnet, „die in Gestalt eines ‚konsumenten-freundliche[n] Kapitalismus' Gemeinschaft unterminiert, Gesellschaft polarisiert und Öffentlichkeit bedroht."[16]

Das Anliegen des ersten von Engel genannten Aspekts – die Erfahrung des Nichtidentischen – der Postmoderne nennt Klaus

13 Vgl. Ebd. 10-13.

14 Engel: Politische Theologie, 24.

15 Ebd. 13.

16 Ebd. 13 u.a. Bauman, Zygmunt: Flüchtige Moderne, Frankfurt 2003 zitierend.

Müller einen „Paradigmenwechsel [...], der gegen alle ontologischen, d.h. klassifizierenden, verfügenden Denkformen auf eine grundsätzliche Pluralität und Mehrdimensionalität in allem zu Verstehenden zielt."[17] Und Müller betont, dass dieser Paradigmenwechsel bezüglich. der philosophischen Theorieentwicklung treffender als der Übergang vom Strukturalismus zum Poststrukuralismus bezeichnet werden müsste. Wo vorher im strukturalistischen Sinne Strukturen gedacht wurden, die bestimmte Systeme wie zum Beispiel eine Sprache oder eine Gesellschaft ordnen, wurde mit dem Poststrukturalismus auch die Einheit stiftende Struktur prinzipiell hinterfragt. Beziehungen lassen sich nicht mehr als Einheit bzw. von einem Zentrum her begreifen, sondern als prinzipielle Vielfalt und Differenz.[18]

Der andere von Engel genannte Aspekt der Postmoderne – ihre bedrohliche Seite – lässt sich mit der Postmoderne-Analyse von Kuno Füssel differenzierter beleuchten und zuspitzen. Nach seiner Auseinandersetzung mit Lyotard, Baudrillard und der „postmodernen" Architektur und Kunst kommt Füssel zu dem Schluss, dass sich der Begriff weniger eigne, um eine bestimmte Epoche – nach der Moderne – adäquat zu qualifizieren. Stattdessen drücke der Begriff eine Geisteshaltung[19] aus, die nicht bloß den Pluralismus bzw. die Auflösung fester Strukturen begrüße, sondern auch die Welt nicht mehr als *eine* denken könne. So schreibt Füssel: „Mit der Einheit der Welt ging auch die Sehnsucht danach verloren."[20] Wie Engel oder Bauman äußert Füssel bereits 1993 den Verdacht, dass es sich bei der Postmoderne bzw. dem „Postmodernismus" um eine ideologische „Tarnkappe des Kapitalismus"[21] handle, deren zentrale Funktion die des Vergessens sei.

17 Müller, Klaus: Glauben, Fragen, Denken. Band 2. Weisen der Weltbeziehung, Münster 2008, 382. Zitiert als Müller. Glauben.

18 Vgl. ebd. 384.

19 Füssel: Es gilt, absolut plural zu sein, 42.

20 Ebd. 41.

21 Ebd. 52.

Die Verbindlichkeit von Traditionen, insbesondere von (Befreiungs-)Utopien, soll mittels der postmodernen Geisteshaltung aufgelöst und vergessen werden. Die Aufgabe von Utopie-Hoffnungen verhindere aber auch die theoretische wie praktische Veränderungsarbeit an den kapitalistischen Strukturen. Füssel weist aber deutlich auf die Problematik hin, auf die das postmoderne Denken aufmerksam gemacht habe: dass in der Moderne vielfach Katastrophen statt Freiheitsversprechen verwirklicht wurden.[22] Doch statt die Hoffnung auf die Freiheitsversprechen und die Utopien aufzugeben, sollte laut Füssel eine kritische Theorie und Theologie sich weiterhin den „Grundwidersprüchen" der Moderne widmen,

> denn sowohl die kapitalistische Produktionsweise ist die gleiche geblieben, als auch die kritische Infragestellung der Moderne und ihrer Auswirkungen auf Mensch und Natur durch ihr eigenes Bewusstsein, was also nicht erst postmodern eingeklagt werden muss[23].

Postmodernes Denken ließe sich mit der ideologiekritischen Analyse Füssels als eine affirmative Entsprechung kapitalistischer Verhältnisse begreifen, die sich nicht nur durch Kosumentenfreundlichkeit (Engel, Bauman), sondern durch Erinnerungs- und Hoffnungslosigkeit gegenüber einer anderen herrschaftsfreien Welt auszeichnet.

Die Ausführungen zum Begriff der Postmoderne zeigen an, dass dieser Begriff ein breites Bedeutungsspektrum aufweist. Von der einen Seite wird der Begriff im Sinne eines kritischen Instruments verwendet, um dem Nichtidentischen Raum zu geben und auf die Leerstellen in Theorie und (gesellschaftlicher) Praxis aufmerksam zu machen, ja diese bewusst „offen zu halten"[24]. Von der anderen Seite wird gerade diese Art der „Kritik" als ideologischer Reflex kapitalistischer Verhältnisse interpretiert und deshalb nicht

22 Ebd. 53.

23 Ebd. 55 f.

24 Engel: Politische Theologie, 81.

nur als „unkritischer“ Ansatz, weil affirmativ, sondern als den Kapitalismus stabilisierender Ansatz in Frage gestellt und verworfen.

Auf Grund dieses Bedeutungsspektrums ist meines Erachtens Vorsicht im Gebrauch dieses Begriffs angebracht. In Bezug auf die aktuelleren Paulusrezeptionen und die (Dis-)Qualifizierung als „postmodern“ müsste dementsprechend entweder im Vorfeld geklärt werden, was unter „postmodern“ verstanden wird, oder dieser Begriff sollte auf Grund seiner fehlenden Eindeutigkeit nicht verwendet werden, um Missverständnisse zu vermeiden.

Es wird sich zeigen, dass der Begriff der Postmoderne und die damit verbundenen und hier bereits angedeuteten Diskussionen innerhalb der aktuelleren Paulusinterpretationen eine Rolle spielen. Doch gilt es dabei auf die jeweiligen Gemeinsamkeiten wie Unterschiede aufmerksam zu machen. Die allgemeine Qualifizierung der Autoren als „postmodern“ beinhaltet die Gefahr, diese Unterschiede nicht ausreichend wahrnehmen zu können. So mag der kritische Bezug auf die Moderne von verschiedenen Autoren zwar geteilt werden. Im Konkreten geschieht dieser Bezug auf die Moderne aber auf unterschiedliche Weise, nämlich einmal als Epoche mit spezifischen Denkformen, die überwunden werden sollen, andererseits als Epoche, die ihre eigenen Widersprüche dialektisch in sich trägt.

Die neuere Paulusrezeption: Badiou, Agamben, Žižek

In der gegenwärtigen theologischen und philosophischen Forschung zur neueren Paulusrezeption werden insbesondere die drei Autoren Alain Badiou, Giorgio Agamben und Slavoj Žižek miteinander verglichen. Die umfangreichste Analyse der Paulusrezeption im deutschsprachigen Kontext, die 2007 veröffentlicht wurde, dürfte von Dominik Finkelde stammen.[25] Darüber hinaus finden Auseinandersetzungen mit den Paulusrezeptionen der genannten Autoren in verschiedenen Sammelbänden statt. Zu nennen sind hier u.a. das Rosenzweig Jahrbuch Nr. 4 „Paulus und die Politik“[26] von 2009, „Wieder Religion?“[27] von 2006, mehrere exegetische Bände zum Verhältnis von Bibel, Exegese und Politik[28] und der bisher nur in spanischer Sprache veröffentlichte Band „Nuevas teologías políticas“[29] von 2006. Analysen, die sich nur mit einer der Paulusinterpretationen der jeweiligen Autoren beschäftigen, wurden in Deutschland bislang nicht veröffentlicht. Je nach inhaltlicher Schwerpunktsetzung der Forschungsarbeiten werden neben Badiou, Agamben und Žižek noch weitere Autoren hinzugezogen. Entweder dient dies einem Vergleich der Autoren miteinander, wie es bei Finkelde der Fall ist, oder die neueren philosophischen Interpretationen werden auf ihre expliziten und impliziten theoretischen Ursprünge hin befragt und zu diesen in ein kritisches Verhältnis gesetzt. So nimmt beispielsweise in den Analysen, die stärker in der Tradition der Neuen Politischen Theologie stehen[30], der Philosoph Jacob Taubes eine wichtige Rolle ein

25 Finkelde: Politische Eschatologie.

26 Brasser, Martin (Hg.): Paulus und die Politik/Paul and Politics, Rosenzweig Jahrbuch 4, München 2009. Zitiert als Brasser: Paulus.

27 De Kesel, Marc/Hoens, Dominiek (Hg.): Wieder Religion?. Christentum im zeitgenössischen kritischen Denken. Lacan, Žižek, Badiou u.a., Wien 2006.

28 Reinmuth, Eckart (Hg.): Politische Horizonte des Neuen Testaments, Darmstadt 2010, Reinmuth, Eckart (Hg.): Neues Testament und Politische Theorie. Interdisziplinäre Beiträge zur Zukunft des Politischen, Stuttgart 2011 und Strecker, Christian/Valentin, Joachim (Hg.): Paulus unter den Philosophen, Stuttgart 2013.

29 Mate, Reyes/Zamora, José Antonio: Nuevas teologías políticas. Pablo de Tarso en la construcción de Occidente, Barcelona 2006.

30 Mate, Reyes: Retrasar o acelerar el final. Occidente y sus teologías políticas, in: Ders./Zamora: Nuevas teologías políticas. Zitiert als Mate: Retrasar o acelerar el final, 27-64. Und Zamora, José Antonio: Mesianismo y escatología. La resurrección política de Pablo, 71-101, in: Iglesia viva Nr. 241, Januar-März 2010. Zitiert als Zamora: Mesianismo.

und die neueren Rezeptionen werden von diesem her gelesen. Jacob Taubes wird in diesem Zusammenhang als theoretischer Gegenspieler und gleichzeitiger Gesprächspartner Carl Schmitts, des Begründers der „alten“ politischen Theologie, interpretiert. Taubes gilt dabei als apokalyptischer Denker, der Paulus als politischen Akteur im Kampf gegen das römische Imperium liest. Im Gegensatz zu Schmitt, der mit seiner „politischen Theologie“[31] die Autorität des Staates legitimieren will, vertritt Taubes mit Paulus eine subversive politische Theologie gegenüber dem Staat. José Antonio Zamora und Reyes Mate weisen darauf hin, dass die neueren Paulusrezeptionen mit ihren Überlegungen zur politischen Philosophie explizit oder implizit in Auseinandersetzung mit Taubes (und Schmitt) stehen.[32]

Die Rosenzweig-Forschung[33] legt bezüglich ihrer Paulus-Analysen den Fokus auf das Verhältnis der gegenwärtigen philosophischen Paulusrezeptionen zu derjenigen des jüdischen Intellektuellen Franz Rosenzweig. Die Rosenzweig-Expertin Gesine Palmer konstatiert:

> Im 20. Jahrhundert war Franz Rosenzweig derjenige jüdische Denker, der in einer christlichen Umgebung lebend und in direkter Konfrontation mit christlich gewordenen, ehemals jüdischen Freunden und Verwandten in einer Art Anti-Konversion die Dynamik des bei Paulus entfalteten jüdischen Messianismus wieder zu einer jüdischen und zugleich zur Welt hin offenen Sache machte, die bis heute die neue Paulusrezeption befruchtet.[34]

---

31 Johann Baptist Metz spricht von „zweierlei Politischer Theologie“. Die eine „alte“ funktioniert als „politische Staatstheologie“, die andere „neue“ versteht sich als kritisches Korrektiv in emanzipatorischer Absicht zu Aufklärung und Moderne. Vgl. Ders.: Zweierlei Politische Theologie, in: Schüssler Fiorenza, Francis/Tanner, Klaus/Welker, Michael (Hg.): Politische Theologie. Neuere Geschichte und Potenziale, Neukirchen-Vluyn, 2011, 13-20.

32 Vgl. Zamora: Mesianismo, 74-77 und Mate: Retrasar o acelerar el final, 29-33.

33 Vgl. Brasser: Paulus.

34 Palmer: „Wir würden es jederzeit wieder tun“, 54.

Das Thema der Konversion wird von Palmer als ein von Rosenzweig und allen neueren Paulusinterpretationen zentral bearbeitetes herausgestellt. Sie legt dabei den Schwerpunkt auf die Bedeutung der Konversions-Diskussion für den jüdisch-christlichen Dialog.

Finkelde geht anders vor als Mate oder Palmer und konzentriert sich nicht auf die expliziten oder impliziten Quellen der neueren Paulusrezeptionen, sondern vergleicht diese neueren unterschiedlichen Ansätze im Hinblick auf ihre philosophisch-politischen Lektüren des Apostels einerseits und auf ihre Bedeutung für aktuelle philosophisch-politische Diskussionen andererseits. Die Ansätze von Agamben, Badiou, Santner und Žižek werden miteinander auf ihre Gemeinsamkeiten und Unterschiede in ihrem Verständnis von Eschatologie hin betrachtet. Diese Vorgehensweise Finkeldes ist insofern interessant, da er zu dem Urteil kommt,

> dass alle Autoren die Paulinische Theologie als eine rein *immanente* Theorie entfalten. Eine vertikale Perspektive – d.h. auf eine göttliche Transzendenz hin ausgerichtete, wie sie noch die Interpretationen des 20. Jahrhunderts von Barth, Bultmann, Taubes u.a. geprägt haben – weicht einer horizontalen.[35]

Immanenz meint in diesem Zusammenhang, dass diese Theorien ohne ein „Außen" zur Welt auskommen, sondern selbst Veränderungen, Brüche und Neuheiten als innerhalb von Welt und durch diese bewirkt denken. In der Konsequenz bedeutet das, dass diese Welt wie die Brüche und Neuheiten dieser Welt ohne göttlichen Ursprung gedacht werden. Es handelt sich dementsprechend um nicht-christliche Ansätze, die die Welt und damit auch Paulus ohne Gott interpretieren. Der Begriff der Eschatologie, auf den hin Finkelde die Autoren analysiert, muss dementsprechend ohne Gott und weltimmanent entwickelt werden. Finkelde führt den Aspekt von Immanenz und Transzendenz nicht detailliert aus.

35 Finkelde: Politische Eschatologie, 12.

Sein Hinweis erinnert, obwohl er darauf nicht verweist, an Jean-Luc Nancys Projekt der Dekonstruktion des Christentums, in dem er sich auch mit dem Verhältnis von Immanenz und Transzendenz beschäftigt. Nancy interpretiert die Transzendenz im Christentum als Überschreitung des Bestehenden, die nicht durch einen äußeren, sondern durch einen inneren Impuls angeregt wird:

> Trotz des ungeheuren Gewichts der religiösen Repräsentation war die „andere Welt" oder das „andere Reich" niemals eine zweite Welt oder eine Hinterwelt, sondern stets das Andere der Welt (jeder Welt: jeder im Seienden und in der Kommunikation eingebundenen Konsistenz), anders als jede Welt.[36]

In diesem Sinne scheint Finkelde Immanenz bei Badiou und den anderen Autoren zu interpretieren. Es handelt sich also nicht um eine Affirmation des Bestehenden, sondern um sein Überschreiten.

Finkelde stellt weiterhin fest, dass es nicht unbedingt Paulus ist, der bei den Autoren im Fokus steht, obwohl dies natürlich oberflächlich betrachtet zutrifft. Stattdessen dient die Diskussion um Paulus „als Neubestimmung der politischen Philosophie zu Beginn des 21. Jahrhunderts"[37]. Paulus selbst wird zwar auch als politischer Akteur interpretiert. So sehen Badiou und Žižek in Paulus die Figur des Lenin:

> Paulus als Leninist: War Paulus nicht wie Lenin der große „Institutionalisierer" und wurde als solcher von den Anhängern des marxistischen „Ur"-Christentums geschmäht? Und entspricht die paulinische Zeitlichkeit des „schon, aber noch nicht jetzt" nicht Lenins Situation zwischen den beiden Revolutionen vom Februar und Oktober 1917?[38]

36 Nancy, Jean-Luc: Dekonstruktion des Christentums, Zürich-Berlin 2008, 21.

37 Finkelde: Politische Eschatologie, 12.

38 Žižek, Slavoj: Die Puppe und der Zwerg. Das Christentum zwischen Perversion und Subversion, Frankfurt a.M. 2003, 11. Zitiert als Žižek: Die Puppe. Und ähnlich Badiou: „Ich bin nicht der erste, der diesen Vergleich riskiert, der aus ihm [Paulus, P.G.] einen Lenin macht, dessen zweideutiger Marx Christus wäre." Badiou: Paulus, 8.

Bei genauerer Betrachtung fällt jedoch auf, dass der Fokus der Interpretationen auf bestimmten Denkfiguren aktueller politischer Philosophie liegt, statt auf dem Apostel selbst. Die verschiedenen Ansätze versteht Finkelde dementsprechend als Versuche, die Begriffe des Universalismus, des Subjekts, der Differenz oder auch der Politik zu diskutieren.[39] Diese Begriffe erfahren gegenwärtig in der politischen Philosophie eine starke Aufmerksamkeit.[40] Damit kommt aber auch die Frage auf, die in den folgenden Unterkapiteln ins Blickfeld gerückt wird, warum diese Diskussion anhand des Paulus, eines christlichen Heiligen, geführt wird.

Laut Finkelde unterteilen sich die vier von ihm diskutierten Autoren bezüglich der Neubestimmung der politischen Philosophie in zwei Gruppen: Agamben und Santner versuchten in der Tradition der Differenzphilosophie[41] mit Paulus den Fokus auf das Nicht-Identische zu legen, während Badiou und Žižek diese Differenz-Philosophie mit Paulus in Frage stellten und einen starken Subjekt-Begriff entwickelten. Letztere sähen auch gerade darin ihren Widerspruch zum postmodernen Denken, dass sich nach Lyotard in der Aussage „das Ende der großen Erzählungen" präsentiere.[42]

39 Vgl. Finkelde: Politische Eschatologie, 12-14.

40 Exemplarisch sei verwiesen auf: Butler, Judith/Laclau, Ernesto/Žižek, Slavoj: Contingency, Hegemony, Universality. Contemporary Dialogues on the Left, London 2000, Bröckling, Ulrich/Feustel, Robert (Hg.): Das Politische denken. Zeitgenössische Positionen, Bielefeld 2010, Marchart, Oliver: Die politische Differenz. Zum Denken des Politischen bei Nancy, Lefort, Badiou, Laclau und Agamben, Berlin 2010.

41 Unter differenztheoretischen Ansätzen verstehe ich allgemein solche, die ihren Fokus auf das Fragmentarische legen, um so universale Konzepte bzw. Begriffe in Frage zu stellen. Diese Ansätze sind dem sogenannten Poststrukturalismus zuzuordnen. Vgl. dazu auch Müller: Glauben, 382-392. Und Engelmann, Peter: Einführung. Postmoderne und Dekonstruktion. Zwei Stichwörter zur zeitgenössischen Philosophie, in: Ders. (Hg.): Postmoderne und Dekonstruktion. Texte französischer Philosophen der Gegenwart, Stuttgart 1990. 5-32. Zitiert als Engelmann: Postmoderne.

42 Vgl. Finkelde: Politische Eschatologie, 13.

Giorgio Agamben

Agambens Paulusinterpretation ist eine philosophische Lektüre des Briefs des Apostels Paulus an die Römer, zu welcher auch andere Paulusbriefe hinzugezogen werden.[43] Schon mit dem ersten Satz seines Kommentars legt Agamben sein Anliegen dar: „Das vordringlichste Ziel dieses Seminars besteht darin, die Bedeutung der Paulinischen Briefe als grundlegenden messianischen Text der westlichen Kultur wiederherzustellen.“[44] Einer „Wiederherstellung“ des messianischen Texts bedarf es nach Agamben,

> da eine nunmehr zweitausendjährige Praxis des Übersetzens und Kommentierens, die mit der Geschichte der christlichen Kirchen zusammenfällt, den Messianismus – und mit ihm den Begriff des „Messias“ selbst – buchstäblich aus dem Paulinischen Text gestrichen hat[45].

Diese Streichung hatte die Auflösung einer Spannung, die laut Agamben durch das Verständnis der Zeit als „Jetzt-Zeit“ bzw. verkürzte Zeit entsteht, zur Folge.[46] Agamben interpretiert das paulinische messianische Zeitbewusstsein folgendermaßen: „Die Verkürzung der Zeit, ‚das, was bleibt‘ (1 Kor 7,29: ‚Die Zeit ist kurz. Was bleibt, ist ...‘), ist für Paulus die messianische Situation par excellence, die einzig reale Zeit.“[47] Die messianische Verkürzung der Zeit ist eine „Verwandlung der Zeiterfahrung [...], die es vermag, die profane Zeit hier und jetzt zu unterbrechen“[48]. Agamben sieht in den Paulusbriefen zwei Zeiten thematisiert. Die eine Zeit wirkt in der anderen, weshalb er von einer „Zeit innerhalb der Zeit“[49] spricht. Damit ist eine verkürzende Zeit gemeint, die das

43 Agamben, Giorgio: Die Zeit, die bleibt. Ein Kommentar zum Römerbrief, Frankfurt a.M. [4]2012. Zitiert als Agamben: Die Zeit.

44 Agamben: Die Zeit, 11.

45 Ebd.11.

46 Vgl. ebd. 12 und 16.

47 Ebd. 16.

48 Ebd. 86.

49 Ebd. 81.

Fenster darstellt, durch die der Messias in die chronologische Zeit eintreten kann, um diese zu beenden. Agamben beschreibt diese Zeiterfahrung metaphorisch:

> Sie [die messianische Zeit, P.G.] ist vielmehr die operative Zeit, die in der chronologischen Zeit drängt, die diese im Innern bearbeitet und verwandelt, die Zeit, die wir benötigen, um die Zeit zu beenden – in diesem Sinne: die *Zeit, die uns bleibt.*[50]

Diese zwei Zeiten, die chronologische einerseits und die operative oder messianische andererseits, fallen jedoch nie zusammen. Die messianische Zeit, die als operative interpretiert wird, bedeutet immer eine Unterbrechung der chronologischen Zeit. Agamben bedient sich in „Die Zeit, die bleibt" einer Argumentation, die mit den Ausdrücken, wie der „gedrängten Zeit" oder Ähnlichem stark von Metaphern geprägt ist. Finkelde sieht den Grund dafür in Agambens Bezug auf die persönlichen Erfahrungen des Paulus. Er versucht mit Hilfe von Metaphern und Analogien die subjektiven Erfahrungen des Apostels, die in den Briefen explizit oder implizit zum Ausdruck kommen, zu „objektivieren".[51] Ob die Metaphern im Einzelnen immer zur Klärung und objektivierenden Transparenz beitragen, kann hier nicht diskutiert werden. Jedoch sind in seiner Analyse der Paulusbriefe mindestens zwei Ziele zu erkennen: 1. Das Konzept der messianischen Zeit, die Agamben im Römerbrief dargestellt sieht, dient ihm als grundlegende Denkfigur, die er für andere Bereiche seiner politischen Philosophie wirksam lassen werden will. Das Konzept der messianischen Zeit dient dabei als Beispiel für das „Strukturmoment"[52] einer sogenannten „Teilung der Teilung", das Agamben ausführlich entfaltet.[53] 2. Das messianische Zeitbewusstsein selbst soll – nicht nur als Struktur-

50 Ebd. 81. Hervorhebung im Original.

51 Ebd. 49.

52 Ebd.41.

53 Ebd. 56-100, vor allem 62-71. Die „Teilung der Teilung" bedeutet grundsätzlich, dass das Konzept der Teilung (z.B. eine gesetzliche Unterteilung) selbst geteilt wird. Dazu auch Finkelde: Politische Eschatologie, 44 f.

moment, sondern auch *als* Zeitbewusstsein – einen (politischen) Handlungsspielraum eröffnen.

Agamben überträgt das Konzept, das dem messianischen Zeitbewusstsein zu Grunde liegt, „die Teilung der Teilung“ auch auf andere Bereiche, insbesondere auf das Subjekt sowie auf das „Volk“. Dabei entwickelt er eine deutliche Kritik am universalistischen Denken, insbesondere an jenem, das Badiou in „Paulus. Die Begründung des Universalismus“ präsentiert. In Paulus sieht Agamben keinen Vertreter oder gar Begründer des „Katholischen“ bzw. des Universalen, der mit seiner Botschaft und Tätigkeit potentiell alle Menschen erreichen und das Gesetz, das Juden und Nichtjuden voneinander trennt, aufheben will. Stattdessen liest Agamben die Paulusbriefe so, dass Paulus in die Teilung in Juden und Nichtjuden eine weitere Teilung einführt.

> Die Gruppe „Juden“ spaltet sich so in „sichtbare Juden“ oder Juden nach dem Fleisch [...] und „verborgene Juden“ oder nach dem Hauch [...], (Röm 2,28 f.). Dasselbe geschieht, obwohl es Paulus nicht erwähnt, mit den Nichtjuden.

Die Teilung der Teilung bewirkt, so Agamben weiter,

> dass die Einteilung des Gesetzes in Juden und Nichtjuden weder deutlich noch erschöpfend ist, weil es immer Juden geben wird, die Nichtjuden sind, und Nichtjuden, die Nicht-Nichtjuden sind.“[54]

In dieser Unterteilung sieht er einerseits eine Kritik am universalistischen Denken, denn sie zeigt, dass es mit der messianischen Unterteilung immer einen Rest gebe.

> Das bedeutet, dass die messianische Teilung in die große nomistische Teilung der Völker einen Rest einführt, dass also Juden und Nichtjuden konstitutiv „nicht alle“ sind.[55]

Der Begriff des Konstitutiven ist an dieser Stelle vielleicht etwas ungenau, da der Rest ja eben nicht konstitutiv gegeben ist, sondern erst mit der messianischen Teilung entsteht. In diesem Kon-

54 Ebd. 62 f.

55 Ebd. 63.

zept wird aber Agambens politisch-philosphisches Interesse deutlich. Er möchte sich theoretisch für das stark machen, was nicht repräsentiert wird, was sich gegebenenfalls in einem „Zwischen“ befindet. Und mit dem so verstandenen Messianismus soll diese Teilung der Teilung auch aktiv ins Bewusstsein und die (politische) Praxis gelangen. Agamben versteht im Bereich des Politischen die Grundteilung vor allem vom Gesetz vollzogen. Das gilt für die Unterteilung von Juden und Nichtjuden zur Zeit des Paulus, wie für die nomistische Unterteilung, die heute beispielsweise in Staatsbürger und sogenannte Papierlose oder Illegalisierte von der Europäischen Union vollzogen wird. Die Teilung der Teilung schafft aber das Gesetz nicht ab, sondern unterläuft es. In diesem Sinne lässt sich das Konzept der Teilung der Teilung als ein subversiver Akt begreifen, der nicht die unmittelbare Konfrontation mit dem Gesetz (bzw. dem Gesetzgeber, dem Souverän, dem Staat) sucht. Denn dieses Konzept will das Gesetz unwirksam machen.[56] Finkelde fasst den Gedanken zusammen:

> Paulus‘ Messianismus beruhe daher auf einer radikal neuen Anthropologie, die den Menschen als denjenigen definiert, der sich jeder Identität, sei sie religiös, ethnisch oder politisch, entzieht. Der „Rest“ bleibt im politischen Gefüge von Staat und Religion eine Nicht-Figur, eine Aporie, das Nicht-Subordinierbare.[57]

Dieser Entzug jeglicher Identität ist für Agamben der subversive Akt par excellence.

Auf diesen subversiven Akt hin orientiert Agamben auch sein messianisches Zeitbewusstsein. Für dieses Zeitbewusstsein verwendet er den Ansatz der operativen Zeit von Gustave Guillaume, um die Auswirkung der operativen Zeit auf das Subjekt zu erklären. Laut Guillaume ist das Denken selbst zeitlich strukturiert, und deshalb ist es für das Denken nicht möglich, das Denken der Zeit und die sprachliche Darstellung der Zeit in eins fallen zu lassen. In den Worten Agambens heißt das, dass

56 Finkelde: Politische Eschatologie, 63-70.

57 Ebd. 46.

> [in] jeder Darstellung, die wir von der Zeit vornehmen, in jedem Diskurs, in dem wir die Zeit definieren und darstellen, [...] eine weitere Zeit enthalten [ist], die sich nicht darin erschöpfen kann. Als ob der Mensch als denkendes und sprechendes Wesen eine weitergehende, die chronologische überschreitende Zeit produzieren würde, die ihn daran hindert, vollständig mit der Zeit zusammenzufallen, von der er sich Bilder und Darstellungen macht.[58]

Die Teilung, die der Zeit widerfährt, gilt auch für das Subjekt und lässt dieses deshalb auch nie mit sich in eins fallen. Es bleibt immer eine Differenz. Finkelde schreibt dazu: „Insofern ist der Mensch das Wesen, das qua seines Subjekt-Seins weder mit der Zeit, noch mit sich zusammenfällt.“[59] Agamben möchte mit dieser Unterteilung ein Bewusstsein für die messianische Zeit wecken. Diese interpretiert er äquivalent zur operativen Zeit, als die Zeit, die benötigt wird, um die chronologische Zeit zu beenden. Die chronologische Zeit darf dabei nicht nur als immer weiter laufende Uhr verstanden werden, sondern als Koordination des Lebens, die Finkelde aber im Sinne Agambens als „falsche Stabilität“[60] entlarvt. Mit der messianischen Zeit (im Sinne von operativen Zeit) hingegen ergreift das Subjekt seine eigene Zeitdarstellung, mit der es aber auch nie zusammenfallen könnte. Agamben nennt diese messianische Zeit deshalb die „einzige Zeit, die wir haben“[61]. Das messianische Zeitbewusstsein im Sinne Agambens soll somit einen (politischen) Handlungsspielraum eröffnen. Politisch ist er, insofern die gesellschaftlichen Plausibilitäten, die bei Agamben immer an ein chronologisches Denken gebunden sind, in Frage gestellt und unterlaufen werden können.

58 Agamben: Die Zeit, 80 f.

59 Finkelde: Politische Eschatologie, 51.

60 Ebd. 52 und Agamben: Die Zeit, 81.

61 Agamben: Die Zeit, 81.

Slavoj Žižek

Nach Giorgio Agamben war die zweite große philosophische Antwort auf Alain Badious Pauluslektüre Slavoj Žižeks Buch „Die Puppe und der Zwerg“[62]. In diesem Buch, wie auch in vielen anderen, wird Žižeks theoretische und politische Nähe zu Badiou deutlich. Beide sind stark durch die Philosophie Althussers und Hegels, die Psychoanalyse Lacans und die „Idee des Kommunismus“[63] geprägt. Und beide verstehen ihre Paulus-Analysen als materialistisch. Das Programm, das Žižek für sein etwas früher erschienenes Buch zur Subjekttheorie „Die Tücke des Subjekts“ formuliert, dürfte auch für sein Paulus-Buch gelten. Dort schreibt er:

> Ist dieses Buch [die Tücke des Subjekts, P.G.] auch vom Grundtenor ein philosophisches, so will es doch zuerst und vor allem eine engagierte politische Intervention sein, die die brennende Frage angeht, wie man in unserem Zeitalter des globalen Kapitalismus und seines ideologischen Supplements, des liberal-demokratischen Multikulturalismus, ein linkes, antikapitalistisches Projekt neu formulieren kann.[64]

Das Buch „Die Puppe und der Zwerg“ lässt sich vor allem als eine Kritik am „liberal-demokratischen Multikulturalismus“ lesen. Dafür mobilisiert Žižek das Christentum oder vielmehr eine bestimmte Lesart des Christentums. Gegen eine perverse Deutung des Christentums arbeitet er aus den Paulusbriefen (und der Theologie Chestertons) eine gegenüber dem von ihm bezeichneten Multikulturalismus subversive Deutung heraus. Zuweilen unterscheidet er auch eine „therapeutische“ und eine „kritische“

62 Žižek: Die Puppe.

63 Zur „Idee des Kommunismus“ vgl. die drei gleichnamigen Bände. Žižek gab den ersten Band zusammen mit Costas Douzinas und Band zwei und drei mit Alain Badiou heraus.

64 Žižek, Slavoj: Die Tücke des Subjekts, Frankfurt a. M. 2001. Schon in diesem Buch setzt sich Žižek ausführlich mit Badious Paulus-Interpretation auseinander, 171-230. Zitiert als Žižek: Die Tücke des Subjekts.

Rolle des Christentums bzw. der Religion.[65] Als den „perverse[n] Kern des Christentums“ versteht Žižek die Verführung durch das Begehren, welches mittels der Einführung von Gesetzen bzw. Verboten entsteht. Und Gott ist derjenige, der diese Gesetze/Verbote einführt, die Menschen dadurch verführt und diese dann rettet bzw. um diese zu retten. Er verdeutlicht dies am Beispiel von Adam und Eva:

> Wenn es verboten ist, im Paradies vom Baum der Erkenntnis zu essen, warum hat Gott den Baum dort überhaupt aufgestellt? Ist dies nicht Teil seiner perversen Strategie, Adam und Eva erst zum Sündenfall zu verhelfen, um sie danach zu retten?[66]

Demgegenüber sieht Žižek das Subversive am Christentum vor allem in seinem Verständnis von Universalität und Wahrheit. Žižek diagnostiziert das vorherrschende gegenwärtige Denken, wie bereits genannt, als einen liberal-demokratischen Multikulturalismus. Darunter versteht er die Betonung der Vielfalt vor der Einheit, die sich unter anderem in der Toleranz der Meinungsvielfalt ausdrückt, jedoch jede Wahrheitsposition als totalitär[67] brandmarkt und aus dem Diskurs verbannt. Im Bereich der Theorie entspricht, so Žižek, die Differenzphilosophie im Anschluss an Derrida und Lyotard dem globalen Kapitalismus und seinem Multikulturalismus. Agambens Pauluslektüre, die eine Variante der Differenzphilosophie darstellt, wird deshalb von Žižek ausführlich diskutiert und kritisiert. Dabei wiederholt er aber nicht bloß die Argumente von Badious Pauluslektüre, sondern legt seine eigenen Schwerpunkte. So wendet er sich gegen Agambens Konzept der Teilung der Teilung, die einen Rest hervorbringt bzw. er übernimmt diesen Ansatz und wendet ihn in sein Gegenteil. Auch Žižek teilt die Denkfigur eines „Rests“. Bei Agamben entsteht die-

65 Žižek: Die Puppe, 7.

66 Ebd. 16 f.

67 Žižek widmet dem Begriff des Totalitarismus bzw. dem Totalen ein eigenes Buch: Vgl. Ders.: Totalitarismus. Fünf Interventionen zum Ge- oder Missbrauch eines Begriffs, Hamburg 2012.

ser durch die (messianische) Teilung einer nomistischen Teilung. Der Rest weist dann immer darauf hin, dass auch die durch die nomistische Unterteilung entstandenen Entitäten auf Grund der Existenz oder der Einführung des Rests niemals mit sich selbst identisch sein können. Der Rest ist in Agambens Ansatz also Ausdruck einer Nicht-Identität, der sich dementsprechend subversiv gegenüber dem Ganzen (dem Universalen) verhält. Žižek wendet diesen Gedanken mit Bezug auf Jacques Ranciére, Alain Badiou und Ernesto Laclau, indem er den „Rest“ mit dem Konzept des „Teils ohne Anteil“ gleichsetzt. Der „Teil ohne Anteil“ ist in einem gesellschaftlichen Gefüge derjenige bzw. es sind diejenigen, die, obwohl „Teil“ im Gefüge, dennoch ausgeschlossen und ohne festen Platz sind. Immer dann, wenn dieser „Teil ohne Anteil“ anfängt, nicht nur sich selbst und seine partikularen Interessen zu artikulieren, sondern beansprucht, das Ganze des gesellschaftlichen Gefüges zu repräsentieren, entsteht Politik im eigentlichen und starken Sinn.[68] Alles andere, das Debattieren in Parlamenten oder das Wählen-Gehen, wird in diesem Konzept als Verwaltung begriffen und nicht als politischer Akt. Gegenwärtig sieht Žižek sogar häufig ein Phänomen auftreten, das er „postmoderne Post-Politik“ nennt. Dieses ist die Ersetzung politischer Auseinandersetzung durch Expertenwissen, welches sich jenseits ideologischer Postionen verortet; eine Position, die Žižek als Leugnung des Politischen wie des Ideologischen interpretiert.[69] Im Gegensatz dazu erklärt er den Begriff der Politik folgendermaßen:

68 Jacques Ranciére, von dem die Formulierung „Teil ohne Anteil“ stammt, fokussiert die Entstehung von Politik auf das Zusammentreffen einer Gleichheits- und einer polizeilichen Logik: „Damit eine Sache politisch ist, muss sie eine Begegnung zwischen der polizeilichen und der gleichheitlichen Logik stattfinden lassen, welche niemals bereits konstituiert ist. Ranciére, Jacques: Das Unvernehmen. Politik und Philosophie, Frankfurt am Main 2002, 44.

69 Žižek: Die Tücke des Subjekts, 272-281. Žižeks Politikbegriffe werden ausgeführt in: Ders.: Die Tücke des Subjekts, 231-333.

> Kurzum, der politische Konflikt bezeichnet die Spannung zwischen dem strukturierten Gesellschaftskörper, in dem jeder Teil seinen festen Platz hat, und dem „Teil ohne An-Teil“, der diese Ordnung aufgrund des leeren Prinzips des Allgemeinen ins Wanken bringt, [...]. Politik im eigentlichen Sinne beinhaltet somit immer eine Art Kurzschluss zwischen dem Allgemeinen und dem Besonderen.[70]

José Antonio Zamora pointiert diesen Zusammenhang, wenn er schreibt:

> Für Žižek ist der politische Akt mehr als die Verwaltung von Bedürfnissen und Interessen, er ist eine Intervention, die auf die Transformation der bestehenden symbolischen Ordnung zielt und die somit nicht innerhalb dieser funktionieren kann. Anders formuliert, zielt der politische Akt auf die Universalisierung eines politischen Ziels, das sich nicht in einem bestehenden System verwirklichen kann und dieses deshalb in Frage stellen muss.[71]

Es ist zu beachten, dass diese Allgemeinheit, dieses Universale nicht einfach existiert, sondern proklamiert und hergestellt werden muss.[72] Eine so verstandene Universalität dürfte dann auch keine indifferente sein, die Minoritäten in sich subsumiert, wie es

70 Žižek: Die Puppe und der Zwerg, 70 f.

71 Zamora: Mesianismo, 85. „Para Žižek [...] el acto político es más que administración de necesidades e intereses, es una intervención que apunta a la transformación del orden simbólico existente y que por tanto no puede funcionar dentro de él. Dicho de otra manera, el acto político apunta la universalización de un objetivo político que no puede realizarse en el sistema existente y que por tanto lo tiene que cuestionar.“ Alle Übersetzungen in diesem Buch stammen von mir.

72 Étienne Balibar, der sich auch intensiv mit dem Begriff des Universalen auseinandersetzt, schreibt dazu: „Es gibt gegen die herrschende Universalität oder gegen das bestehende System der Politik keine spontane, gewissermaßen natürliche Front der ‚Ausgegrenzten‘ oder ‚Minoritäten‘ (Jacques Rancière spricht in seinem letzten Buch von den ‚Nicht-Teilhabenden‘). Das bedeutet keineswegs, dass eine solche Einheit unter bestimmten Umständen nicht existieren kann. Sie muss eben hergestellt werden, und sie muss Gegenstand einer Entscheidung sein.“ Ders.: Der Schauplatz des Anderen. Formen der Gewalt und Grenzen der Zivilität, Hamburg 2006, 313 f. Zitiert als Balibar: Der Schauplatz.

bei Agamben im Vorwurf an Badiou anklingt[73] oder gar eine unterdrückerische, wie es beispielsweise im Kontext der Postkolonialen Theologie auftaucht[74], sondern sie entfaltet sich von einer Minorität ausgehend. Universalität ist dementsprechend immer auch mit einer Auseinandersetzung, das heißt mit Politik, verknüpft, weshalb Žižek auch von einer „ringenden Universalität"[75] spricht. Diese ringende Universalität findet er auch bei Paulus.[76]

> Genau in diesem Sinne ist die paulinische Universalität nicht die stumme Universalität als das leere neutrale Behältnis seines partikularen Inhalts, sondern eine „ringende Universalität", eine Uni-

---

73 Agamben: Die Zeit, 64 f.

74 Exemplarisch Kwok Pui-lan: „Ich will niemanden dafür tadeln, dass er sich nach einem sinnvollen Ganzen sehnt, aber ich will vor der enormen Macht dieser Sehnsucht warnen – dieser Verlockung, Dinge zu einem einzigen, geeinten, scheinbar nahtlosen Ganzen zu formen." Dies.: Postcolonial Imagination & Feminist Theology, Westminster 2005, 39. Zitiert nach Duggan, Joseph: Erkenntnistheoretische Diskrepanz. Zur Entkolonialisierung des postkolonialen theologischen „Kanons" , in Concilium 2013/2, 139. Gayatri Spivak verwendet den Begriff der „epistemischen Gewalt", um damit die Verwendung von verallgemeinernden Identitätskategorien zu kritisieren. Vgl. Castro Varela, María do Mar/Dhawan, Nikita: Postkoloniale Theorie. Eine kritische Einführung ²2015, Bielefeld 183-185. Auch Ackermann, Cordula/ Geitzhaus, Philipp: Melting Pot? The encounter of Liberation Theology and Postcolonial Theology, in: Ecumenical Association of Third World Theologians: Voices. Theological journal. Volume XL 2017/2, November-December 2017. Online verfügbar unter http://eatwot.net/VOICES/VOICES-2017-2.pdf (zuletzt abgerufen am 20.01.2018), 115-124 und Geitzhaus, Philipp/Lis, Julia: Ambivalente Subjekte. Befreiungstheologie und Nachfolgepraxis im Neoliberalismus, in: Gmainer-Pranzl, Franz/Lassak, Sandra/Weiler, Birgit (Hg.): Theologie der Befreiung heute. Herausforderungen, Transformationen, Impulse, Innsbruck 2017. 155-174, hier: 164-167. Zitiert als Geitzhaus/Lis: Ambivalente Subjekte.

75 Žižek: Die Puppe, 112.

76 Es sei darauf hingewiesen, dass Žižek in „Die Puppe und der Zwerg" keine so konsequente und detaillierte Pauluslektüre vorlegt, wie Badiou und Agamben, sondern etwas direkter auf die politisch-philosophischen Fragestellungen eingeht.

> versalität, deren tatsächliche Existenz eine radikale Spaltung ist, die den gesamten partikularen Inhalt durchtrennt.[77]

Paulus kann in diesem Sinne als der „Rest“ gesehen werden, der damit auch ein politisches Subjekt ist bzw. wird. Für Žižek ist Paulus deshalb auch ein „mit Leib und Seele engagierte[r] Kämpfer.“[78]

Dieses Verständnis von einer ringenden Universalität und einer Politik im starken Sinn unterscheidet sich auch in praktischer Hinsicht von Agambens Ansatz. War dieser eher als Subversion zu interpretieren, die gerade nicht den Konflikt sucht, sondern ihn unterlaufen möchte, zeichnet sich Žižeks Konzept in diesem Aspekt gerade durch seine Konfliktivität aus. Denn die politische Universalität wird einer auf der Ausnahme gründenden Universalität, „die insgeheim einige Sondergruppen privilegiert“[79] und faktisch eben nicht alle repräsentiert, entgegengesetzt. Žižek setzt diesen politischen Akt auch mit der Demokratie gleich, weshalb Politik und Demokratie von ihm synonym verwendet werden, solange beides vom Universalitätsanspruch des „Teils ohne Anteil“ her gedacht wird.[80] Politik – und damit auch Demokratie in diesem Sinn – hat hier die Funktion einen gegebenen Rahmen (z.B. den globalen Kapitalismus) zu unterlaufen bzw. zu überwinden. Diese Figur der Politik sieht Žižek bereits bei Paulus gegeben:

> In diesem Sinne bedürfen wir auch heute einer Geste, die die kapitalistische Globalisierung vom Standpunkt einer allgemeinen Wahrheit her ebenso unterläuft, wie es das paulinische Christentum mit dem römischen Weltreich tat.[81]

Bei Agamben ist dieser Aspekt der Überwindung in dieser Deutlichkeit nicht zu finden, da er mit seinem Politikverständnis vor allem auf die Ent-wirkmächtigkeit des Gesetzes (des Systems)

77 Ebd. 112.
78 Ebd. 114.
79 Ebd. 111.
80 Ebd. 71.
81 Žižek: Die Tücke des Subjekts, 291

setzt. Diesem Konzept wirft Žižek vor, einen „ewigen Aufschub der politischen Aktion“[82] zu praktizieren, indem die politische Entscheidung nicht wahrgenommen wird.

Žižeks Intervention in die neueren philosophischen Pauluslektüren zeigt deutlich die Verwebung von Pauluslektüre und politischer Philosophie. Schon Badiou und Agamben machten diesen Aspekt transparent, orientierten sich aber deutlich an Aussagen aus den Paulusbriefen. Die Paulusbriefe dienten dort als Folie aktueller Diskussionen, historische Grundlagentexte und literarische Beispiele. Žižek hingegen bedient sich nicht nur der Paulusbriefe, sondern auch anderer biblischer Motive (Adam und Eva, Abraham und Isaak) und (mehr als die anderen beiden) theologischer Denkfiguren. Doch seine zentralen Referenten sind Badiou und Agamben mit ihren politisch-philosphischen Konzepten. Obwohl sich Žižek in deutlicher theoretischer Nähe zu Badiou befindet, gibt es doch bedeutende Unterschiede in der Methodik (Badiou bezieht sich beispielsweise stark auf die mathematische Mengenlehre[83]) und den inhaltlichen Schwerpunktsetzungen (z.B. eine unterschiedliche Einschätzung der Bedeutung von Kreuz und Auferstehung[84]), was im Kapitel zu Badious Pauluslektüre bearbeitet wird, sofern es für das Verständnis von Badious Philosophie sinnvoll ist.

Politische Interpretation des Paulus?

Die Analysen der neueren philosophischen Pauluslektüren haben gezeigt, dass weniger die Person des Paulus als solche im Vordergrund steht, als vielmehr eine jeweilige Neubestimmung politischer Philosophie. Zentral sind die Begriffe der Politik, des Universalen bzw. des Partikularen (des „Rests“) und des Subjekts. Doch welches Interesse gibt es am Apostel Paulus? José Antonio Zamora

82 Finkelde: Politische Eschatologie, 82.

83 Ebd. 22-27.

84 Ebd. 80-82.

kommt zu dem Ergebnis, dass angesichts dieses „absurden Systems“[85], gemeint ist der globale Kapitalismus, die neuen philosophischen Pauluslektüren emanzipatorischen Charakter haben: „Die Pauluslektüren, die wir vorgestellt haben, teilen viel von einer Geste der Befreiung, des Protestschreis, des Anspruchs auf Alternativen, die diesen Namen verdienen.“[86] Ein ähnliches Interesse biblischer Lektüren lässt sich vor allem auch in der Befreiungstheologie[87], in der materialistischen[88] oder sozialgeschichtlichen[89] Bibelexegese oder in der Exegese der Amsterdamer Schule[90] finden. Oder besser gesagt: Die von Zamora genannte „Geste der Befreiung“ im Kontext einer biblischen Lektüre findet sich vor allem in den genannten (theologischen) Theorieansätzen. Bei genauerer Betrachtung fallen jedoch einige Unterschiede auf, die sich nicht nur (aber auch) auf ein christliches oder nicht-christliches Selbstverständnis zurückführen lassen. Das Anliegen aller vier genannten theologischen Richtungen besteht darin, die befreiende Dimension der biblischen Texte für den jeweiligen gesellschaftlichen Kontext herauszustellen. Der gesellschaftliche Kontext ist einmal derjenige der Exegetin, der weiter gefasst ist, als der un-

85 Zamora: Mesianismo, 99.

86 Zamora: Mesianismo, 99. „[L]as lecturas de Pablo que hemos presentado tienen mucho de gesto de liberación, de grito de protesta, de reclamación de alternativas que merezcan ese nombre.“

87 Exemplarisch: Sobrino, Jon: Christologie der Befreiung, Ostfildern ²2008 und Boff, Leonardo: Jesus Christus, der Befreier, Freiburg i. B., Basel, Wien, ²1987.

88 Exemplarisch: Füssel, Kuno: Drei Tage mit Jesus im Tempel. Einführung in die materialistische Lektüre der Bibel, Münster 1987. Zitiert als Füssel: Drei Tage. Und Belo, Fernando: Das Markusevangelium materialistisch gelesen, Stuttgart 1980.

89 Exemplarisch: Schottroff, Luise/Stegemann, Wolfgang: Jesus von Nazaret. Hoffnung der Armen, Kevelaer 2016.

90 Exemplarisch: Jankowski, Gerhard: Die große Hoffnung. Paulus an die Römer. Eine Auslegung, Berlin 1998. Veerkamp, Ton: Die Welt anders. Politische Geschichte der Großen Erzählung, Berlin 2013. Zitiert als Veerkamp: Die Welt.

mittelbare Nahraum der Exegetin, und zweitens derjenige des biblischen Textes. Vor allem die materialistische Exegese hat noch den gesellschaftlichen Kontext, in dem der Text produziert wurde, intensiv in ihre Analysen mit einbezogen. Innerhalb dieses Geflechts wurde mit unterschiedlichen Nuancen beispielsweise Jesus als Befreier oder als Revolutionär herausgearbeitet, der der vom römischen Imperium unterdrückten und ausgebeuteten Bevölkerung eine frohe Botschaft der Befreiung vermittelte, die ökonomischen, politischen und religiösen Verhältnisse kritisierte und von den römischen und judäischen Machthabern als Märtyrer hingerichtet wurde. Die Analysen werden vor dem Hintergrund der sozialen, ökonomischen und politischen Bedingungen der Zeit Jesu und der Entstehungszeit der Texte betrieben.

Der Apostel Paulus wird von Ton Veerkamp, einem renommierten Vertreter der Bibelexegese der Amsterdamer Schule, ähnlich wie von Badiou und Žižek, als politischer Aktivist interpretiert.[91] Als Kenner der hellenistischen Welt – seine Geburtsstadt ist Tarsos – setze Paulus sich intensiv mit der Frage nach der Möglichkeit eines toragemäßen Lebens im römischen Imperium auseinander und komme zu dem Ergebnis, dass dies nur in globaler Perspektive geschehen könne, wenn die Trennung von Juden und Nicht-Juden aufgehoben sei. Die Alternative wäre eine Abschottungspolitik der Juden gewesen. Veerkamp lässt in die Lektüre der Paulusbriefe ununterbrochen ökonomische, politische und ideologische Erkenntnisse des ersten Jahrhunderts einfließen. Auf diese Weise ist es ihm möglich, beispielsweise die Bedeutung der römischen „Militärmaschinerie“[92] für Paulus herauszustellen. Auf die Frage, wie ein toragemäßes Leben im römischen Imperium möglich sei, folge deshalb auch die Auseinandersetzung mit dem römischen Militärapparat und dem römischen Ausbeutungssystem. Eine politische Pauluslektüre bedeutet für Veerkamp,

91 Im Folgenden beziehe ich mich auf Veerkamp: Die Welt, 253-267.

92 Ebd. 255.

Paulus im Kontext seiner Zeit zu situieren. Das bedeutet, die ökonomischen, politischen und ideologischen Verhältnisse[93] dieser Zeit zu analysieren und Paulus und seine Briefe dazu in ein Verhältnis zu setzen. Aufgabe der Textanalysen ist es, herauszustellen wie Paulus unter den gegebenen Verhältnissen tätig war.

Veerkamp geht es darin vor allem aber um das Verständnis seines eigenen bzw. „unseres“ Kontextes, denn Texte stehen nicht einfach für sich, sondern nehmen immer eine bestimmte Funktion, z.B. eine legitimierende oder de-legitimierende der bestehenden Verhältnisse, ein. Sein Anliegen ist es mit Hilfe der Erzählung (der Analyse) der Erzählung (des biblischen Textes) der Geschichte Sinn zu verleihen: „Geschichte an sich ist ohne Sinn und Verstand. Erst wenn sie erzählt und dadurch, wie und warum sie erzählt wird, erhält sie einen Sinn.“[94] Und der vergangenen Geschichte zu gedenken, die auf bestimmte Weise rekonstruiert wird, dient einem Verständnis des gegenwärtigen Kontextes. So fragt Veerkamp: „Wie könnten wir leben, ohne unserer Herkunft zu gedenken, auch und gerade dann, wenn Ankunft für immer ein fremdes Wort bleibt?“[95] Mit der Erinnerung und der Erzählung der biblischen Geschichte will er einen Gegenstoß gegen die gegenwärtige „globalisierende Phase“, die alle Großen Erzählungen delegitimiere, tätigen. Ähnliche Stoßrichtungen einer politischen Lektüre der biblischen Texte lassen sich auch bei den anderen Ansätzen der Befreiungstheologie, der sozialgeschichtlichen oder der materialistischen Bibelexegese ausmachen.

Bei der Analyse der Arbeiten der neueren philosophischen Pauluslektüre fällt auf, dass diese, bei aller Unterschiedlichkeit, anders vorgehen, als die vorgestellten theologischen. Wer die je-

93 Mit der Trias Ökonomie, Politik und Ideologie nimmt die Amsterdamer Schule wie auch die materialistische Bibellektüre Bezug auf Louis Althusser und das marx‘sche Konzept der Gesellschaftsformation. Vgl. Füssel: Drei Tage, 17-21.

94 Veerkamp: Die Welt, 24.

95 Ebd. 31.

weiligen Pauluslektüren liest, wird keine ausführlichen Darstellungen des paulinischen Lebens und Wirkens angesichts des römischen Imperiums finden, obgleich diese Aspekte auch eine Rolle spielen. Paulus wird zwar zuweilen, wie oben erwähnt, als politischer Aktivist vorgestellt. Wie dieser Aktivismus im Detail ausgesehen haben mag und worauf oder wogegen er sich konkret richtete, wird jedoch kaum analysiert. Als geschichtliche und geschichtlich handelnde Person steht Paulus offensichtlich nicht im Fokus dieser Lektüren. Für die Philosophen stehen eher seine Briefe als Dokumente politischer „Theorie" im Vordergrund. Mit diesen treten sie in eine philosophisch-politische Debatte ein. Finkelde schreibt dazu: „Die Frage nach der richtigen Auslegung des Paulinischen Universalismus ist in den Lektüren der Autoren in diesem Zusammenhang immer wieder von zentraler Bedeutung."[96] Doch stellt sich die Frage, ob dieses Anliegen sinnvoll bearbeitet werden kann, ohne eine genaue Analyse des paulinischen Kontextes vorzunehmen, in dem dieser Universalismus formuliert (oder kritisiert) wird. Falls ja, wird zu klären sein, inwiefern dieses Vorhaben gelingen kann, aber auch, wo mögliche Gefahren liegen. Diese Fragen werde ich in der Auseinandersetzung mit Alain Badious Pauluslektüre wieder aufnehmen. Bis dahin können wir festhalten, dass die neueren philosophischen Pauluslektüren emanzipatorischen theoretischen Ansätzen zugeordnet werden können, wie es Zamora konstatiert hat, dass sie sich aber von verschiedenen theologischen Ansätzen, die sich als politische und zuweilen auch als materialistische verstehen, unterscheiden. Zamora ist auch in diesem Punkt zuzustimmen, dass diese Lektüren aufzeigen, „dass der Apostel Paulus kein exklusives Erbe der Christen und der Kirchen, und noch weniger der Theologen ist."[97] Es handelt sich dementsprechend um unkonventionelle Lektüren einer Gestalt, die das Leben der westlichen Welt geprägt hat.

---

96 Finkelde: Politische Eschatologie, 12.

97 Zamora: Mesianismo, 98. „[que] el apóstol Pablo no es un patrimonio exclusivo de los cristianos y de las iglesias, menos aún de los teólogos."

Wende zur Religion?

Die Versuche einer Neubestimmung politischer Philosophie haben sich mit der Person Paulus und seinen Briefen in ein bestimmtes Setting begeben. Selbstverständlich orientiert sich der Großteil der Diskussionen um die Begriffe des Politischen, der Politik, des Universellen, des Subjekts usw. in erster Linie nicht an Paulus, sondern sie werden unmittelbar ohne diesen Umweg über Paulus geführt. Tatsächlich entwerfen nur wenige, wenn auch äußerst renommierte TheoretikerInnen der politischen Philosophie[98] ihre Konzepte anhand der Person Paulus. Und selbst unter diesen gehört der Bezug auf Paulus quantitativ betrachtet nicht zum Zentrum ihres Schaffens. Agamben, Badiou oder Žižek (und weitere) haben zahlreiche Werke zur politischen Philosophie veröffentlicht, in welchen Paulus kaum eine Rolle spielt. Eine Neubestimmung politischer Philosophie anhand des Apostels Paulus könnte dementsprechend als ein theoretischer Umweg interpretiert werden. Es drängt sich deshalb die Frage auf, warum einige (politische) PhilosophInnen diesen Umweg gehen.

Ein erster allgemeiner Antwortversuch auf diese Frage könnte der Verweis auf einen „theological turn“[99] bzw. die (philosophische) „Wende zur Religion“[100] sein. Marc de Kesel geht diesem Themenkomplex nach, indem er den Zusammenhang von kritischem Denken und dem Rückgriff auf den Monotheismus analysiert.[101] De Kesel zufolge handelt es sich bei dem Rückgriff

98 Zum Begriff der politischen Philosophie bei Badiou vgl. S.152 f.

99 Ulrich, Jörg: Die heilige Diskursgemeinschaft. Oder Paulus als Habermas des frühen Christentums, online abrufbar unter http://www.exit-online.org/textanz1.phptabelle=autoren&index=17&posnr=208&backtext1=text1.php (abgerufen am 24.01.2018).

100 De Kesel, Marc: Religion als Kritik, Kritik als Religion: Einige Reflexionen zur monotheistischen Schwäche der zeitgenössischen Kritik, in: Ders./ Hoens, Dominik: Wieder Religion? Christentum im zeitgenössischen kritischen Denken, Wien 2006, , 15-39, hier 17. Zitiert als De Kesel: Religion als Kritik.

101 Ebd.

auf das Christentum im Allgemeinen und Paulus im Speziellen nicht um einen „Umweg“. Dieser Rückgriff verweist stattdessen auf eine Begründungsschwäche gegenwärtigen kritischen Denkens. So schreibt er:

> Die gegenwärtige Kritik bekämpft nicht nur das Christentum, sie scheint sie auch irgendwie in ihrem eigenen Spiegelbild zu betrachten – als ob sie in den Wechselfällen des Christentums ihre eigenen erkennen würde.[102]

Das große Problem zeitgenössischen kritischen Denkens sieht er darin, dass diese unfähig sei, eine Alternative zum bestehenden kapitalistischen System zu verwirklichen. Das kritische Denken steht also vor der Herausforderung, Kritik formulieren zu können, ohne Alternativen zu haben. Hier kommt das Interesse am Christentum auf. Nach de Kesel zeichnet nämlich den Monotheismus selbst ein kritisches Moment aus. Die zentrale monotheistische These ist: Nur Gott ist Gott. Das heißt, „dass dasjenige, was wir für Götter oder Gott *halten*, tatsächlich nicht Gott ist.“[103] Diese These oder diese Einsicht ermöglicht dementsprechend einerseits eine Infragestellung jeglicher Absolutheitsansprüche, die nicht Gott sind. Der Monotheismus in diesem Sinne bedeutet also einen radikal kritischen Ansatz. Andererseits kann ein so gedachter Monotheismus auch nicht sagen, was Gott ist, kann also keine Alternative nennen, da ja jedes Bild von Gott notwendig falsch ist. De Kesel erinnert deshalb daran, dass „[die] Reflexion über Gott und Gott selbst als Ausgangspunkt der Reflexion [...] also nicht das freie atheistische Denken [behinderte], sondern es vielmehr auf wunderbare Weise [stimulierte].“[104] Diese Erkenntnis bedeutet innerhalb des kritischen Denkens eine Neueinschätzung dessen, was Religion bzw. Monotheismus sein kann und ermöglicht dadurch, den Monotheismus nicht bloß als Objekt der Abgrenzung, sondern auch als Spiegelbild zu betrachten. Dieser Monotheismus

102 Ebd. 17.
103 Ebd. 19.
104 Ebd. 24.

wird in den konkreten Formen von Judentum, Christentum und Islam betrachtet. Im Anschluss daran würde der Vergleich von Paulus und Lenin (Badiou, Žižek) nicht nur einem vermeintlich radikalen Habitus entspringen, sondern in der Person Paulus, eines konkreten Vertreters bzw. Zeugen des christlichen Monotheismus, könnten die Fragen, Probleme und Grenzen, die die Autoren z.B. bei Lenin, als Vertreter bzw. Zeuge der kommunistischen Bewegung, sehen, bearbeitet werden. Dies wäre aber kein Umweg, sondern eine Notwendigkeit, da tatsächlich ein Scheitern konstatiert wird (eine emanzipierte Gesellschaft ist nicht erreicht worden), das nach Lösungen sucht und diese auch (ansatzweise) in der kritischen Figur des Monotheismus findet. De Kesel begreift den Rückgriff auf die monotheistische Religion aber nicht bloß als Fortschritt im Denken. Zwar kann er diesen Rückgriff nachvollziehen, da er dieses kritische Potential im Monotheismus erkennt. De Kesel benennt aber auch deutlich die Gefahren der monotheistischen Position und damit der Bezugnahme auf diesen. Er schreibt: „Indem das Christentum sich auf Gott als den Punkt bezieht, von dem aus alles kritisiert werden kann, nimmt es diesen Punkt in Besitz und hält sich selbst für immun gegen jede Kritik.“[105] Dieser Aspekt betrifft nicht bloß die (Un-)Wahrheit monotheistischer Kritik, sondern er kann zu einer sich absolut und allmächtig setzenden Position werden, die das Andere (die Anderen) unterdrückt. De Kesel nennt das den „perversen Kern des Monotheismus, der sich beinahe in seiner ganzen Geschichte manifestiert hat“[106]. Er geht davon aus, dass man den „realen – wirklich kritischen – Monotheismus nur an den Rändern oder in den Symptomen seiner Geschichte finden“[107] kann. Diese Differenzierung innerhalb des Monotheismus erlaubt es, den Rückgriff auf diesen nachzuvollziehen. Doch bedarf es auch und vor allem einer kritischen Reflexion über den „perversen Kern“. Wahrscheinlich

105 Ebd. 32.
106 Ebd. 36.
107 Ebd. 36.

ist man mit dem Rückgriff auf das monotheistische Denken immer dieser Gefahr ausgesetzt.[108]

De Kesel kann zwar grundsätzlich erklären, warum der Rückgriff auf Religion bzw. den Monotheismus theoretisch nachvollziehbar oder gar gerechtfertigt ist, es sei aber daran erinnert, dass er damit die jeweiligen unterschiedlichen Ansätze selbstverständlich in ihrer Differenziertheit nicht erfasst (was auch nicht sein Anspruch ist). Grundsätzlich muss davon ausgegangen werden, dass der Rückgriff auf Paulus bei Agamben, Badiou oder Žižek unterschiedliche Gründe haben kann. Wenigstens sollen die möglichen Gründe für Badious Rückgriff auf Paulus in diesem Buch diskutiert werden. Im dritten Kapitel dieses Buches werde ich darlegen, dass Paulus die Funktion Vermittlung, Theoretiker und Beispiel bei Badiou bekommt. Mit de Kesels Analyse der kritischen und der perversen Seite des Monotheismus wurde aber ein erster umfangreicher Deutungsansatz vorgestellt, um diese „Wende zur Religion" nachvollziehen zu können. Mit diesem Deutungsansatz zeigt er auf, dass sich Autoren wie Agamben, Badiou, Žižek und einige andere mit ihren Lektüren nicht auf ein abwegiges Gelände begeben, sondern auf die theoretische Problematik der Grundlage von Kritik sowie des faktischen Fehlens emanzipatorischer Alternativen, reagieren. Dies lässt sich mit Finkeldes These, dass es den Autoren grundsätzlich um eine Neubestimmung politischer Philosophie geht, vereinbaren.

Streitfall Universalismus

Die Analyse der neueren Pauluslektüren hat gezeigt, dass es den Autoren um eine Neubestimmung politischer Philosophie geht und dass sie darin unterschiedliche und teilweise gegensätzliche Positionen einnehmen. Dieser Aspekt ist insofern interessant, als der Bezug immer Paulus und seine Briefe sind. In ihrem Anliegen

108 Ebd. 36.

einer Neubestimmung lassen sich die jeweiligen Lektüren aber auch selbst als politische Lektüren begreifen. Darin teilen sie zwar auch das grundsätzliche Anliegen theologischer Bibel- bzw. Pauluslektüren, aber unterscheiden sich in ihrer Schwerpunktsetzung. Ich habe aufgezeigt, dass nicht die Person „Paulus“ im Vordergrund steht, sondern seine Briefe als Dokumente politischer „Theorie“, in denen Denkfiguren erkannt werden, die für zeitgenössisches politisches Denken und Denken des Politischen als relevant interpretiert werden. Neben den Begriffen des Politischen, der Politik, des Subjekts, der Wahrheit erfährt der Begriff des Universalismus eine intensive Betrachtung, die einerseits positiv, andererseits kritisch ausfällt. Für Alain Badiou ist dieser Begriff sogar so zentral, dass er seinem Buch über Paulus den Untertitel „Die Begründung des Universalismus“ gegeben hat und darin entsprechend aufzeigt, wie Paulus eine bestimmte Form des Universalismus begründet. Den Ausführungen zu Giorgio Agamben und Slavoj Žižek ist nicht nur zu entnehmen, dass der Universalismus bzw. das universalistische Denken umstritten ist und emphatisch behauptet (Žižek), wie vehement kritisiert (Agamben) wird. Darüber hinaus ist zu beachten, dass das, was der Begriff des Universalismus meint, selbst diskutiert und umstritten ist, da es sich um einen äquivoken Begriff[109] handelt. Vertreter eines universalistischen Denkens wie Badiou oder Žižek (und natürlich auch viele andere[110]) behaupten nicht einfach nur einen beliebigen Universalismus, sondern verlangen eine differenzierte Auseinandersetzung mit der Mehrdeutigkeit dieses Begriffs und entwickeln darin eigene Ansätze. Doch auch eine differenzierte Auseinandersetzung mit dem Begriff befreit diesen nicht vor Gefahren, insbesondere der Inkludierung des Nicht-Identischen[111], auf das viele VertreterInnen der Differenzphilosophie (oder des „postmodernen“ Den-

109 Balibar, Étienne: Des Universels. Essais et conférences, Paris 2016, 9-11. Zitiert als Balibar: Des Universels.

110 Vgl. besonders Balibar: Des Universels. und Ders.: Der Schauplatz, 227-314.

111 Vgl. „Zum Begriff der Postmoderne“ in diesem Buch.

kens) hinweisen. Étienne Balibar spricht deshalb auch von einer „idealen Universalität", die erst von dem in sich differenten und differenzierten „Teil ohne Anteil" hergestellt werden muss. Für Balibar ist es die *égaliberté*, die solch eine ideale Universalität bedeutet. Der von Balibar gebildete Neologismus soll die beiden Begriffe der Freiheit und der Gleichheit aneinander binden und aufzeigen, dass es keine Freiheit ohne Gleichheit und umgekehrt keine Gleichheit ohne Freiheit geben kann. Diese Gleichfreiheit versteht er als prinzipiell grenzenlos. Universalismus wird hier von einer subjektiven und dementsprechend auch partikularen Position aus (dem Teil ohne Anteil) proklamiert und organisiert.[112] In dieser Linie und mit Bezug auf Balibar hat auch Žižek sein Konzept des Universalismus entworfen. Beide, Balibar wie Žižek, werden in der Regel in die theoretische Nähe zu Badiou, nicht zuletzt wegen ihres kritisch-weiterführenden Bezugs auf Althusser, gestellt. In der Analyse der Pauluslektüre von Badiou, wird deshalb zu klären sein, welche Art von Universalismus er von Paulus begründet sieht, wie er sich von Žižeks Ansatz unterscheidet und ob dieser Versuch einer Kritik wie derjenigen der Inkludierung des Nicht-Identischen standhalten kann.

112 Balibar: Der Schauplatz, 301-309.

3. Badious Paulus

Das Buch „Paulus. Die Begründung des Universalismus“ gehört den kleineren philosophischen Schriften Alain Badious an. Neben philosophischen Abhandlungen veröffentlicht Badiou auch Theaterstücke und politische Schriften zu gegenwärtigen Fragen, beispielsweise zur Wahl Donald Trumps[1]. Sein Versuch über den Apostel Paulus erscheint 1997[2] zunächst in französischer Sprache unter dem Titel „Saint Paul. La fondation de l'universalisme“[3]. Das Buch wird in den folgenden Jahren in mehrere Sprachen übersetzt, unter anderem ins Spanische und Englische. 2002 wird auch die erste Übersetzung in deutscher Sprache veröffentlicht. Damit gehört das Paulusbuch zu den ersten ins Deutsche übersetzten Monographien von Badiou. Bis dahin lagen nur die kleineren Monographien „Manifest für die Philosophie“[4], „Kleines Handbuch zur Inästhetik“[5] und „Gott ist tot: Kurze Abhandlung über eine Ontologie des Übergangs“[6] und einzelne Aufsätze vor. Das erste Hauptwerk Badious „Das Sein und das Ereignis“ wird erst 17 Jahre nach dem französischen Original „l'être et l'événement“ im Jahr 2005 auf Deutsch veröffentlicht.[7] Die Reihenfolge der Veröffentlichungen und Übersetzungen ist für die Rezeption von Badious Arbeiten zu berücksichtigen. Denn anders als in der deutsch-

1 Badiou, Alain: Trump. Amerikas Wahl, Wien 2017.

2 In der deutschen Ausgabe wird im Impressum 1977 als Ersterscheinungsjahr des französischen Originals angegeben. Es muss sich offensichtlich um einen Fehler handeln. Vgl. Badiou: Paulus.

3 Badiou: Saint Paul.

4 Badiou, Alain: Manifest für die Philosophie, Wien ^{2}2010.

5 Badiou, Alain: Kleines Handbuch zur Inästhetik, Wien 2008.

6 Badiou, Alain: Gott ist tot. Kurze Abhandlung über eine Ontologie des Übergangs, Wien 2002.

7 Badiou, Alain: Das Sein und das Ereignis, Berlin 2005. Zitiert als Badiou: SuE. Bzw. Ders.: L'être et l'événement, Paris 1988.

sprachigen Reihenfolge befindet sich das französische Paulusbuch, zeitlich betrachtet, zwischen Badious zweitem („Das Sein und das Ereignis“) und drittem („Logiken der Welten. Das Sein und das Ereignis 2“[8]) Hauptwerk. Dementsprechend berücksichtige ich für die Analyse des Paulusbuchs, dass nur die ersten beiden Hauptwerke „Theorie des Subjekts“[9] und „Das Sein und das Ereignis“, nicht aber „Logiken der Welten“ als theoretische Grundlage vorausgesetzt werden können. Dieser Aspekt wird für den Subjektbegriff im Paulusbuch eine Rolle spielen.[10]

Aufbau des Paulusbuchs

Badious Paulusbuch ist in elf Kapitel gegliedert. Die einzelnen Kapitel stehen nicht unabhängig voneinander, sondern bauen aufeinander auf und orientieren sich entsprechend dem Untertitel des Buches an der Begründung des oder eines Universalismus. Ähnlich wie Slavoj Žižek oder Étienne Balibar unterscheidet auch Badiou verschiedene Universalismen. In seiner Paulusabhandlung wird der Begriff „Universalismus“ anhand der Figur des Apostels erörtert. Badiou interpretiert Paulus als „eine[n] der allerersten Theoretiker des Universalen“[11]. Die Bezeichnung „Theoretiker“ muss hier natürlich mit Vorsicht verwendet werden, denn Paulus entwickelt keinen systematischen Universalismusbegriff. Badiou extrahiert diesen vielmehr philosophisch aus dem Leben und den Briefen des Apostels. Sein Interesse an Paulus ist kein theologi-

8 Badiou, Alain: Logiken der Welten. Das Sein und das Ereignis 2, Zürich-Berlin 2010. Zitiert als Badiou: LdW.

9 Badiou, Alain: Theorie des Subjekts, Zürich-Berlin 2014. Zitiert als Badiou: TS. Bzw.: Théorie du sujet, Paris 1982. Ob „Theorie des Subjekts“ als Hauptwerk betrachtet werden kann oder nicht, ist umstritten. Unbestritten ist hingegen, dass dieses Buch von großer Bedeutung für Badious Gesamtwerk ist. Zur Zählweise der Hauptwerke Badious vgl. Zitiert als Bosteels: Werdegang, 113-120.

10 Vgl. Kapitel 4 in diesem Buch.

11 Badiou: Paulus, 132.

sches oder exegetisches. Doch warum sich dann auf Paulus berufen? Badiou widmet das erste Kapitel dieser Frage unter dem Titel „Paulus als Zeitgenosse".[12] In knapper Form verknüpft er paulinische Gesetzeskritik und Gleichheitsaussagen mit zeitgenössischen politischen und gesellschaftlichen Problemen des Nationalismus und des Kapitalismus. Und auf Grund dieser möglichen Verbindung kann auch die Praxis des Paulus von aktuellem Interesse sein. Nach Badiou ist es das Anliegen des Apostels, einen spezifischen Wahrheitsbegriff als „singuläre[r] Universalität"[13] zu entwickeln. In diesem ersten Kapitel skizziert Badiou das theoretische Vorgehen des Paulus in vier Schritten:[14] 1. Das christliche Subjekt wird durch ein Ereignis, die Auferstehung Christi, hervorgebracht und äußert sich in einer bestimmten, neuen, Diskursform, die sich von bestehenden Diskursformen unterscheidet. 2. Die Wahrheit, die durch ein Ereignis hervorgebracht wird, setzt sich notwendig von jedem bestehenden Gesetz ab. 3. Das christliche Subjekt ist Träger der Wahrheit, die durch ein Ereignis hervorgebracht wurde. Träger einer Wahrheit zu sein, bedeutet diese Wahrheit und das Ereignis in Treue zu bezeugen. 4. Eine solche Wahrheit ist nicht nur indifferent gegenüber bestehenden Gesetzen, sondern auch gegenüber bestehenden Identitäten, Identitätszuschreibungen und Meinungen im Allgemeinen. Die vier Schritte finden sich auch implizit im Aufbau von Badious Paulusbuch wieder. In den ersten drei Kapiteln setzt sich Badiou zuerst mit der Person Paulus, seinem Werk und der möglichen philosophischen und politischen Relevanz für die Gegenwart auseinander. Badiou entwickelt in diesen Kapiteln auch ein Plädoyer für den Universalismus bzw. für ein bestimmtes Universalismusverständnis. So schreibt er:

---

12 Ebd. 11-24.

13 Ebd. 22. „Singulare Universalität" steht für eine wahrheitsfähige Aussage, die sich prinzipiell an alle Menschen richtet und von einem Subjekt praktiziert wird. Der Begriff wird im Folgenden ausführlicher thematisiert.

14 Ebd. 22 f.

> Letztlich handelt es sich darum, eine universale Singularität zugleich gegen die etablierten Abstraktionen (damals die juridischen, heute die ökonomischen) und gegen den kommunitären oder partikularistischen Anspruch zur Geltung zu bringen.[15]

Das heißt, dass Badiou einerseits gegenüber realen Universalien, wie dem letztlich abstrakten Kapitalismus, andererseits auch gegenüber den Tendenzen, die alles Allgemeine leugnen, einen effektiven Universalismus entwickeln und proklamieren will.

Im Anschluss an die Auseinandersetzung mit der Person des Paulus und dem Plädoyer für ein bestimmtes Universalismusverständnis folgen die vier Schritte der Begründung des Universalismus. Der erste Schritt wird in den Kapiteln vier bis sechs[16] vorgestellt. Badiou beschreibt die Entstehung des (christlichen) Subjekts, seine Bedingungen und seine Existenzweise. Im zweiten Schritt, dem siebten Kapitel[17], wird die Neuheit des (christlichen) Subjekts gegenüber den bestehenden Gesetzen entfaltet. Den dritten Schritt, die Darstellung des Subjekts als Träger einer Wahrheit, stellt Badiou in den Kapiteln acht und neun dar.[18] Das zehnte Kapitel[19] thematisiert die Indifferenz des christlichen Subjekts gegenüber Identitäten und Partikularismen und bildet somit den vierten Schritt.

Nach der Analyse geht er in seinem Fazit, dem elften Kapitel, nochmal auf die Frage „Warum Paulus?“ ein, fasst sein Konzept des Universalismus zusammen und stellt die Bedeutung des Universalismus für Paulus sowie für die Gegenwart heraus.

Die hier knapp skizzierten Schritte der Begründung des Universalismus lassen schon eine eigentümliche Terminologie Badious erahnen. Tatsächlich verwendet Badiou immer wieder Begriffe aus der Mathematik, die vor allem in seinem zweiten

---

15 Ebd. 21 f.

16 Ebd. 53-93.

17 Ebd. 95-106.

18 Ebd. 107-119.

19 Ebd. 121-130.

Hauptwerk „Das Sein und das Ereignis" ausführlich definiert werden. Dazu gehören beispielsweise die Begriffe der Singularität oder der Teilmenge. Weiterhin greift Badiou auch auf Begriffe aus der Psychoanalyse von Jacques Lacan zurück[20], der auch von der Mathematik geprägt war.[21] Die Terminologie Badious erfordert eine genaue Auseinandersetzung mit seinen Konzepten. Häufig sind die jeweiligen Begriffe sehr stark von einander abhängig und können nur im Zusammenhang nachvollzogen werden. Für das Paulusbuch gilt das beispielsweise für die Begriffe Universalismus, Ereignis, Wahrheit, Subjekt, Subjektivierung. Doch trotz, oder gerade wegen seiner eigenen Terminologie, bemüht sich Badiou um Transparenz bezüglich der Begriffe, d.h. sie werden definiert und zueinander in ein Verhältnis gesetzt, wie zu zeigen sein wird. Dieser Hinweis ist meines Erachtens deshalb notwendig, da Badious Sprache und Terminologie selbst, und nicht nur seine Theorie, umstritten ist und mitunter abgelehnt wird.[22]

Badious politisches Interesse

Im zweiten Kapitel dieses Buchs habe ich auf Dominik Finkelde bezugnehmend aufgezeigt, dass die neueren philosophischen Pauluslektüren sich nicht als theologische oder gar christliche Arbeiten verstehen, sondern, dass mithilfe der Gestalt des Paulus und seiner Briefe, eine Neubestimmung politischer Philosophie erfolgt. Das trifft auch für Badious Versuch über Paulus zu. Der Apostel selbst wird dabei auch als politischer Aktivist bzw. um

20 Zum Verhältnis von Badiou und Lacan vgl. Farrán, Roque: Badiou y Lacan. El Anudamiento del Sujeto, Buenos Aires 2014.

21 Vgl. Widmer, Peter: Subversion des Begehrens. Eine Einführung in Jacques Lacans Werk, 7-14, hier 8. Zitiert als Widmer: Subversion.

22 Vgl. Von Fromberg, Daniel: Vergesst Platon! Von Badious Zauberwald zur Organisationsfrage, in Analyse und Kritik. Zeitung für linke Debatte und Praxis, Nr. 526. http://www.akweb.de/ak_s/ak526/41.htm (abgerufen am 26.09.2017). Von Fromberg wirft Badiou philosophischen Sophismus vor und meint damit eine sprachliche Vernebelung um wenig Inhalte.

mit Badiou zu sprechen, als „*militant*"[23] interpretiert und mit Lenin verglichen. Diesen beiden Ansätzen liegen bestimmte politische Interessen zu Grunde, die Badiou auch expliziert. Laut Badiou ist „gegenwärtig überall [...] die Suche nach einer neuen militanten Figur zu spüren"[24], die Lenin und den Bolschewisten nachfolgen könnte. Lenin dient in diesem Zusammenhang als diejenige Person, die eine fundamentale gesellschaftliche Veränderung, den Nachgang der Oktoberrevolution, organisiert hat. Badious Interesse richtet sich zwar nicht auf die Wiederholung der Oktoberrevolution, wohl aber auf das politische Organisationstalent und den Veränderungswillen Lenins. Mithilfe seines Versuchs über Paulus will er die Suche nach neuen militanten Figuren unterstützen, indem er Paulus als eine Möglichkeit dieser Figur präsentiert. Was heißt es, Lenin und den Bolschewisten nachzufolgen? In seinem Paulusbuch wird diese Aussage nicht näher erläutert, sie lässt sich aber vor dem Hintergrund seiner Arbeiten über die sogenannte „kommunistische Hypothese"[25] erschließen. Badiou unterteilt dort die Geschichte des Kommunismus in verschiedene Phasen bzw. in seiner Terminologie in „Sequenzen"[26]. Die erste Phase beginnt während der französischen Revolution und endet mit der Zerschlagung der Pariser Commune (1792-1871). Die zweite Phase erstreckt sich, so Badiou, von 1917, mit

23 Badiou: Paulus, 8. Der französische Begriff „*militant*" ist für das französische, aber auch für das spanische oder lateinamerikanische politische Denken eine übliche Bezeichnung für eine politische Aktivistin bzw. für einen Menschen mit einem verbindlichen politischen Engagement. Er unterscheidet sich vom deutschen, meist negativ besetzten, Begriff „Militanz", der mit Gewalttätigkeit assoziiert wird. Vgl. auch Badiou: SuE 371, Fn. 220.

24 Ebd. 8.

25 Badiou, Alain: Die kommunistische Hypothese, hgg. von Ruda, Frank und Völker, Jan, Berlin 2011. Zitiert als Badiou: Hypothese. Ders.: Wofür steht der Name Sarkozy?, Zürich-Berlin 2008. Zitiert als Badiou: Sarkozy. Sowie Völker, Jan: Unsere Zeit ist die Zeit für neue Erfindungen politischer Subjektivität. Alain Badiou und die kommunistische Hypothese, 19-30, in: Widerspruch. Münchener Zeitschrift für Philosophie Nr. 55, 2012.

26 Badiou: Sarkozy, 111-124. Und Geitzhaus: Allianzen.

der Russischen Revolution, bis 1976, dem Ende der chinesischen Kulturrevolution. Gegenwärtig befinden wir uns, ähnlich wie in der Zeit zwischen 1871 und 1917, in einer Zwischenphase. Die zweite Sequenz ist beendet, eine dritte aber noch nicht angebrochen. Wenn Badiou nun davon spricht, dass gegenwärtig die Suche nach neuen militanten Figuren zu spüren sei, die Lenin nachfolgen könnten, dürfte dies auf Aktivitäten in Richtung einer dritten Sequenz der kommunistischen Idee hindeuten. Damit ist aber nicht gesagt, dass die Welt für Badiou zeitlich gesehen unmittelbar vor einer dritten Sequenz stünde. Mit seinem Paulusbuch will Badiou diese Zwischenphase möglicherweise theoretisch „füttern", um politisch handlungsfähig zu sein.[27] Im Paulusbuch nennt Badiou zwei gesellschaftliche Phänomene, die der Politik, die für Badiou ausschließlich als Aktion, Organisation und Proklamation der prinzipiell universal ausgerichteten Egalität und Solidarität zu verstehen ist und damit von jeglicher „Parlamentspolitik" unterschieden werden muss[28], entgegen stehen: Erstens die „ständige Ausweitung der Automatismen des Kapitals"[29]. Damit ist die Ausdehnung des Weltmarkts mit seinen vorgeblichen Sachzwängen gemeint. Dieser Prozess zerstört, so Badiou, jegliche Singularität, das heißt partikulare Besonderheit. Und zweitens die „Fragmentierung in geschlossene Identitäten"[30]. Diese drückt sich wiederum in zwei Richtungen aus: Einmal als nationalistische Variante mit dem Satz „Frankreich den Franzosen"[31], der 20 Jahre nach der Veröffentlichung des Paulusbuchs in seinen jeweiligen nationalistischen Prägungen (Frankreich, USA, Deutschland, Ös-

27 Vgl. meine Überlegungen in Kapitel 5.

28 In „Über Metapolitik", das kurz nach dem Paulusbuch veröffentlicht wurde, schreibt Badiou: „Das Wesen der Politik ist nicht die Pluralität von Meinungen. Es ist vielmehr die Präskription einer Möglichkeit, die mit dem, was ist, bricht." Ders.: Über Metapolitik. Zürich-Berlin 2003, 39.

29 Badiou: Paulus, 17.

30 Ebd. 17.

31 Ebd. 15 f.

terreich usw.) so einflussreich ist, wie lange nicht mehr.[32] Die andere Variante der Fragmentierung ist ein liberales und linkes Pluralitätsdenken, das jeglicher Wahrheit entgegensteht.[33] Badious theoretisches wie politisches Anliegen ist es, mit diesen gegenwärtigen Strömungen zu brechen und stattdessen die „Bedingungen einer *universalen Singularität*"[34] aufzuzeigen. Der Begriff „universale Singularität" steht bei Badiou für eine wahrheitsfähige Aussage, die sich prinzipiell an alle Menschen richtet, für alle Menschen Geltung beansprucht und deshalb als universal bezeichnet wird. Gleichzeitig ist Ausgangspunkt und Träger der wahrheitsfähigen Aussage eine einzelne, partikulare Besonderheit (Singularität), die er als Subjekt definiert. Badious Konzept der universalen Singularität werde ich in den folgenden Unterkapiteln im Zusammenhang seiner Pauluslektüre näher erläutern.

Die Gesellschaftsanalyse

Das politische Interesse Badious ist auch mit einer Gesellschaftsanalyse verknüpft, von der erste Aspekte wie die Ausweitung des Kapitals oder das Fehlen von „militanten Figuren", im vorherigen Unterkapitel bereits thematisiert wurden. Im ersten Kapitel seines Paulusbuchs „Paulus als Zeitgenosse" gibt Badiou Auskunft über die Ergebnisse seiner Analyse der Gesellschaft. So fragt er: „Denn was bestimmt unsere Aktualität eigentlich?"[35] Zunächst nimmt Badiou einen herrschenden Relativismus wahr, der keine Wahrheit akzeptiert bzw. Wahrheitsfragen auf sprachliche Urteile reduziert. Philosophisch wird dieser Relativismus von der analytischen

32 Badiou spricht in seinem Paulusbuch von dem Vorsitzenden des Front National Jean-Marie Le Pen und meint damit den Vater der gegenwärtigen Vorsitzenden Marine Le Pen. Durch die Auslassung des Vornamens wirken die entsprechenden Aussagen auch 20 Jahre später höchst aktuell.

33 Ebd. 18.

34 Ebd. 21. Hervorhebung im Original.

35 Ebd. 13.

und der hermeneutischen Tradition sowie einer „kulturalistische[n] Ideologie“ praktiziert. Eine genauere Darstellung dieser Positionen und wen er mit diesen Traditionen verknüpft, wird jedoch nicht expliziert. Andererseits ist die Auffassung, dass das gegenwärtige Denken von einem Relativismus geprägt ist, weit verbreitet und wird häufig mit dem Begriff der Postmoderne[36] verknüpft, den Badiou selbst aber in diesem ersten Kapitel nicht verwendet.[37] Entscheidender für ihn ist die Frage danach, was den herrschenden Relativismus bedingt. In seiner typischen an der Mathematik und der lacanschen Psychoanalyse orientierten Terminologie heißt die Frage:

> Was ist das vereinigende Reale, das dieser Aufwertung der kulturellen Tugend von unterdrückten Teilmengen zugrunde liegt, diesem sprachlichen Lob von kommunitären Partikularismen (welche letztlich neben der Sprache immer auf die Rasse, die Nation, die Religion oder das Geschlecht verweisen)?[38]

Badiou geht demnach davon aus, dass sich „unterdrückte Teilmengen“, also bestimmte Personen, die unterdrückt werden, vor allem als partikulare Gruppen, die eine spezifische Identität haben, selbst interpretieren und ausdrücken. Ein Beispiel dafür ist die Tatsache, dass sich bestimmte Menschen in Frankreich als „Franzosen“ begreifen und diese konstruierte Identität in Abgrenzung zu anderen, negativ konstruierten Identitäten, z.B. den „Ausländern“, verstehen. Was liegt diesen kommunitaristischen Partikularismen nach Badiou zu Grunde? Badiou, in marxistischer Tradition, sieht den Grund in der „monetäre[n] Abstraktion“, die er

---

36 Vgl. im zweiten Kapitel „Zum Begriff der Postmoderne“.

37 An anderer Stelle schreibt Badiou: *„Jede postmoderne Konzeption ist nur eine Form des heimlichen intellektuellen Einverständnisses mit der dekadenten Hegemonie des Kapitalismus selbst.“* Badiou, Alain: Ist der Sozialismus das Reale der kommunistischen Idee?, in: Ders./Žižek, Slavoj (Hg.): Die Idee des Kommunismus Bd. 2, Hamburg 2012, 11-22, hier 16. Hervorhebung im Original.

38 Badiou: Paulus, 13.

als „falsche Universalität“[39] qualifiziert. Die monetäre Abstraktion, damit dürfte Badiou die kapitalistische Geldform im Anschluss an Karl Marx meinen, wird deshalb als universal betrachtet, da sie in Form der „finanzielle[n] Globalisierung“[40] allgegenwärtig ist, bzw. geworden ist. „[D]ie Welt ist endlich *gestaltet*, aber als Markt, als Weltmarkt.“[41] Politisch entspricht, nach Badious Auffassung, dem Kapitalismus der Parlamentarismus, den er deshalb als „kapitalistischen Parlamentarismus“[42] bezeichnet.

Bei genauerer Betrachtung der Themenauswahl von Badiou in diesem Kapitel, lässt sich die für die französische, insbesondere von Louis Althusser geprägte Philosophie typische Trias von Ideologie, Ökonomie und Politik wiedererkennen. Die Gegenwart ist demnach ideologisch vom Relativismus, ökonomisch vom globalisierten Kapitalismus und politisch vom Parlamentarismus strukturiert. Diese Trias macht, wie Althusser betont, die „Struktur jeder Gesellschaft“[43] (Gesellschaftsformation) aus. Obwohl Badiou aus der marxistischen Theorie- und Politiktradition kommt[44], entspricht seine Gesellschafts- bzw. Gegenwartsdiagnose nur ansatzweise marxistischer Theoriebildung. Das bedeutet, dass Badiou keine umfangreiche Analyse des gegenwärtigen Kapitalismus liefert, wie es andere zeitgenössische von Marx geprägte PhilosophInnen[45] praktizieren, sondern in diesem Zusammenhang oberflächlicher vorgeht. Diese Vorgehensweise hat ihre Grund-

39 Ebd. 13.

40 Ebd. 14.

41 Ebd. 17. Hervorhebung im Original.

42 Ebd. 14.

43 Althusser, Louis: Ideologie und ideologische Staatsapparate, 1. Halbband, hgg. von Wolf, Frieder Otto, Hamburg ²2016, 44-47, hier 44. Vgl. auch Marx, Karl: Zur Kritik der Politischen Ökonomie, in: Marx-Engels-Werke (MEW) Bd. 13, Berlin 1961, 7-11.: „Die Gesamtheit dieser Produktionsverhältnisse bildet die ökonomische Struktur der Gesellschaft, die reale Basis, worauf sich ein juristischer und politischer Überbau erhebt, und welcher bestimmte gesellschaftliche Bewußtseinsformen entsprechen.“ hier 8.

44 Vgl. Eine ausführliche Auseinandersetzung mit Badious theoretischem und politischem Hintergrund findet sich in: Bosteels: Werdegang.

lage in einem spezifischen Verständnis von Marx und des Marxismus, das ihn in erster Linie als eine Politik- und Subjekttheorie interpretiert, wie er in „Theorie des Subjekts“ schreibt: „Der Marxismus ist der praktische Diskurs zur Stützung des subjektiven Eintretens einer Politik.“[46] Dieses Marxismusverständnis wurde aber immer wieder Anlass zur ablehnenden Kritik.[47] Badiou ist weniger am Marx‘schen Spätwerk, das vor allem die umfangreiche Kritik der politischen Ökonomie beinhaltet, sondern an seinem Frühwerk, insbesondere an dem mit Friedrich Engels verfassten „Manifest der Kommunistischen Partei“[48] interessiert.[49] Dort, im Jahre 1848, wird – Marx und Engels zusammenfassend – der Kapitalismus als die neue Herrschaftsform begriffen, die jegliche sozialen Bindungen zerstört und diese durch das „nackte Interes-

45 Philosophen wie Wolfgang Fritz Haug oder sein theoretischer Gegenspieler Robert Kurz zeichnen sich dadurch aus, dass sie sich mit dem Marx‘schen und Engels‘schen Werk intensiv auseinandersetzen und die dort entwickelten Kategorien für eine Analyse des gegenwärtigen Kapitalismus kritisch fruchtbar machen. Vgl. Haug, Wolfgang Fritz: Hightech-Kapitalismus in der großen Krise, Berlin 2012 und Kurz, Robert: Schwarzbuch Kapitalismus. Ein Abgesang auf die Marktwirtschaft, Frankfurt a. M. ²2009. Auf den Aspekt der Marxrezeption werde ich später eingehen.

46 Badiou: TS, 173 und später Ders.: Qu‘est-ce que j‘entends par marxisme? Une conférence donnée par Alain Badiou au séminaire étudiant lectures de Marx, Paris 2016. Zitiert als Badiou: Marxisme.

47 Antonio Negri begreift die „Philosophie von ’68“, zu der er Badiou und Rancière zählt, als „radikale Ablehnung des Marxismus“. Negri, Antonio: Kann man ohne Marx Kommunist sein?, in: Badiou, Alain/Žižek, Slavoj: Die Idee des Kommunismus, Bd. 2, Hamburg 2012, 171. Dazu Nina Power: „Es ist wichtig, gleich zu Beginn darauf hinzuweisen, dass verschiedene Denker Badious gesamtes Projekt als dem Marxismus völlig entgegengesetzt ansehen.“ Power: Subjekt, 192. Sie selbst teilt diese Position nicht zur Gänze und analysiert Badious spezifisches Verständnis von Marx (187-207).

48 Marx, Karl/Engels, Friedrich: Manifest der kommunistischen Partei, 459-493, in: Marx-Engels-Werke (MEW) Bd. 4, Berlin 1977. Zitiert als MEW 4.

49 Vgl. Badiou: Marxisme? 50-62, besonders 59. Badiou, Alain: Zweites Manifest für die Philosophie, Wien 2010, 124 f. Power: Subjekt, 191-196.

se“ und die „gefühllose ‚bare Zahlung‘“[50] ersetzt. Diesen zerstörerischen Charakter des Kapitalismus sieht Badiou damals wie heute am Werk und nimmt deshalb keine ausführlichen Binnendifferenzierungen vor. Im Gegenteil: Nach Badiou geht es darum, diese Einsicht von Marx und Engels, dass eine andere Welt, dass Politik, die sich von Verwaltung unterscheidet, möglich ist, auch heute zu proklamieren und damit Marx (und Engels) zu wiederholen. So postulierte Badiou bereits in einem früheren Buch: „Wir müssen das *Manifest* neu schreiben.“[51] Gemeint ist natürlich das Manifest der Kommunistischen Partei. Die damals wie heute notwendige Proklamation, dass Politik möglich ist, bedarf, so Badiou, einer Entscheidung. In einem 2017 veröffentlichten Interview mit Peter Engelmann, in dem Badiou zu seinem Verständnis von Marx und dem gegenwärtigen Kapitalismus befragt wird, konstatiert er:

> [W]enn man nicht zuerst die Überzeugung gewinnt, dass man etwas ändern muss, wird man es auch nicht schaffen. Das Wichtigste ist daher heute, eine möglichst große Anzahl von Menschen davon zu überzeugen, dass eine Veränderung notwendig ist. Das ist mein zentraler Punkt. Das ist meine zentrale Analyse der Konjunktur. Da heute der Kapitalismus siegreich ist – und das ist eine Tatsache –, muss man zunächst die Idee und das Bewusstsein der Notwendigkeit, dass etwas anderes [sic!] wirklich möglich ist, wiederherstellen und zwar von Grund auf.[52]

---

50 MEW 4, 464. Badiou setzt sich mit dieser Passage intensiver auseinander in: Ders.: Versuch, die Jugend zu verderben, Berlin 2016, 34-46, hier 39. Zitiert als Badiou: Jugend.

51 Badiou, Alain: Ist Politik denkbar? Berlin 2010, 72. Hervorhebung im Original. Sowie: „Man ist also wieder auf Marx angewiesen. Wie ich oft sage, ist man jetzt dem Marx von 1840 bis 1850 sehr nahe. [...] Da diese Barbarei [des Kapitalismus, P.G.] für den Augenblick vorherrscht, muss man zunächst die Idee rekonstruieren, das Wort ‚Kommunismus‘ wieder in Umlauf bringen.“ Badiou, Alain: Philosophie und die Idee des Kommunismus. Im Gespräch mit Peter Engelmann, Wien 2013, 52 f. Zitiert als Badiou: Philosophie und Kommunismus. Und: Power: Subjekt, 195 f.

52 Badiou, Alain: Für eine Politik des Gemeinwohls. Im Gespräch mit Peter Engelmann, Wien 2017, 33 f. Zitiert als Badiou: Gemeinwohl.

Dieses Zitat zeigt, dass Badiou die heutige Aufgabe darin sieht, die Idee wiederherzustellen, dass sich die Welt von Grund auf ändern lässt, und nicht in differenzierten Analysen der kapitalistischen Konjunkturen bzw. Krisen. Die theoretische Fundierung eines Bewusstseins, dass Veränderung möglich ist, durchzieht nicht nur sein Paulusbuch, sondern sein ganzes Werk.[53] Frank Ruda weist deshalb darauf hin, dass Badious Aufforderung, das „Manifest" neu zu schreiben, die Aufforderung voraussetzt, die Feuerbachthesen zu wiederholen.[54] Dies gilt insbesondere für die 11. These: „Die Philosophen haben die Welt nur verschieden interpretiert; es kömmt darauf an sie zu verändern."[55]

Für seinen Versuch über Paulus hebt Badiou den Aspekt der Identität als problematische Denkform, die im Kapitalismus der „monetären Abstraktion" entspricht, hervor. Diese sieht er für Paulus sowie für die Gegenwart als Schwierigkeit an. Wie oben erwähnt begreift er gegenwärtig das Bejahen von kommunitaristischen Identitäten als Effekt der kapitalistischen Warenform bzw. der monetären Abstraktion, womit im Marx'schen Sinne das Geld als besondere Ware gemeint ist. Diese Abstraktion schafft einerseits eine Homogenisierung, da jede besondere Ware mit jeder anderen Ware getauscht werden können muss, was das Wesen der kapitalistischen Waren ausmacht. Badiou schreibt dazu: „Alles, was zirkuliert, fällt unter eine Rechnungseinheit, und umgekehrt zirkuliert nur, was sich zählen lässt."[56] Andererseits muss jede Ware, damit sie getauscht werden kann, eine besondere und von jeder anderen Ware unterschiedene sein, da sonst kein Tausch sinnvoll möglich ist. Im Zuge der Ausweitung des kapitalistischen

53 Vgl. Pluth: Badiou und im fünften Kapitel „Theologie und Praxis".

54 „What seems to be necessary for its [to redo the Manifesto, P.G.] preparation – and perfectly fits the historical Marxian chronology – is thus also a redoing of Marx's theses on Feuerbach, obviously including the 11th." Ruda, Frank: For Badiou. Idealism without Idealism, 26.

55 Marx, Karl: Thesen über Feuerbach, in: Marx-Engels-Werke (MEW) Bd. 3, Berlin 1990. Zitiert als MEW 3, 7.

56 Badiou: Paulus, 17.

Marktes überträgt sich der Äquivalententausch bzw. vorerst die Erzeugung von Äquivalenten, die sich gleichzeitig von einander unterscheiden müssen, auf alle Bereiche und sozialen Verhältnisse, die der Markt erreichen kann. Identitätsproduktion, egal ob in nationalistischer oder in „multikulturalistischer" Prägung, ist dann für Badiou Ausdruck der Produktion von (Nicht-)Äquivalenten.[57] „Jedesmal gibt ein soziales Bild den Anstoß zu neuen Produkten, zu speziellen Zeitschriften, zu besonderen Einkaufszentren, zu ‚freien' Radiostationen [...]."[58] Kommunitaristische oder individuelle Identitäten dienen in diesem Sinne als Markt stimulierend, weshalb Badiou zu dem Fazit gelangt, dass

> [d]ie kapitalistische Logik des allgemeinen Äquivalents und die identitäre und kulturelle Logik von Gemeinschaften oder Minderheiten [...] zusammen eine artikulierte Menge [bilden].[59]

Wie genau der Anstoß zu neuen Produkten durch identitäre oder kulturelle Logiken abläuft, ob das beispielsweise wirklich auf alle Minderheiten zutrifft, klärt Badiou jedoch nicht. Auch muss die oben von mir verwendete Formulierung der „Übertragung" als begriffliche Annäherung verstanden werden, denn wie der Zusammenhang von der Erzeugung von (Nicht-)Äquivalenten oder homogenisierten Besonderheiten und der Erzeugung von partikularen Identitäten funktioniert, wird von Badiou als „Verzahnung" (17), „Anstoß geben" (18) oder „entsprechen" (21) ausgedrückt. Damit ist zwar die Richtigkeit der Gegenwartsdiagnose nicht grundsätzlich in Frage gestellt, verweist aber auf eine argumentative und möglicherweise auch auf eine theoretische Leerstelle. So wäre zu fragen, wie Badiou das Verhältnis von Ökonomie und Ideologie bestimmt bzw. ob es bei ihm eine materialistische Ideologietheorie gibt, die die Erzeugung von Identitäten und ihrer Funktionsweisen im Verhältnis zur Ökonomie, der Pro-

57 Ebd. 17.

58 Ebd. 18.

59 Ebd. 18.

duktionsweise und Institutionen prinzipiell zu erklären sucht. Hier böte sich eine Diskussion mit Jan Rehmann an, der in seiner Einführung in die Ideologietheorie das Konzept einer materialistischen Ideologietheorie charakterisiert, wenn er die Ansätze seiner Referenten zusammenfasst:

> Dabei richten sie [die analysierten Referenten, P.G.] den Blick auf dessen [die Funktions- und Wirkungsweisen des Ideologischen, P.G.] „Materialität", d.h. seine Existenz als Ensemble von Apparaten, Intellektuellen, Ritualen und Praxisformen.[60]

Obgleich der Begriff der Ideologie bei Badiou eine wichtige Rolle spielt, ist eine solche materialistische Analyse in Badious Paulusbuch nicht zu finden.

Gegenüber der Produktion von Identitäten, dem Relativismus und dem kapitalistischen Parlamentarismus arbeitet Badiou auch einen emanzipatorischen Ansatz heraus. Der „falschen Universalität" des globalisierten Kapitalismus und der damit einhergehenden monetären Abstraktion, die sich gleichzeitig durch ihre Partikularisierungsprozesse auszeichnet, ist nur mit einer wahren Universalität bzw. mit Singularitäten, die universalisierbar sind, effektiv zu begegnen. Badiou entwirft in seiner Paulusinterpretation ein Universalismuskonzept, das sich durch seine notwendige Verbindung mit einer Singularität (einer Besonderheit) auszeichnet. Emanzipatorisch ist dieser Universalismus deshalb, weil er mit jeder sich abschließenden identitären (z.B. nationalistischen) Logik unvereinbar ist. Laut Badiou „[vollzieht d]ie universalisierbare Singularität aber [...] mit der identitären Singularität notwendig einen Bruch."[61] Indem Badiou den Universalismus an Singularitäten bindet, kann er dem Vorwurf, das Besondere zu leugnen oder zu unterdrücken, begegnen. Statt Singularitäten, Besonderheiten, Partikularismen durch einen Universalismus der Abstraktion zu übergehen, geht der wahre Universalismus durch diese Singulari-

60 Rehmann, Jan: Einführung in die Ideologietheorie, Hamburg 2008, 11.

61 Badiou: Paulus 18.

tät hindurch, um sie aber zu überschreiten und eine gemeinsame Idee zu entwickeln bzw. einen Zusammenhang herzustellen. Der wahre Universalismus zeichnet sich durch seine Adressierung an potentiell alle Menschen aus, befindet sich aber auch immer in einem Realisierungsprozess, bzw. dieser Universalismus muss sich als solcher noch realisieren.[62] Die Ausarbeitung einer universalisierbaren Singularität nimmt Badiou durch Rückgriff auf den Apostel Paulus in den folgenden Kapiteln vor.

Badious Paulus im Lichte seiner Subjekttheorie

Der Apostel Paulus ist für Badiou die Person, die „ganz allein eine kulturelle Revolution ausgelöst hat", „indem er das Wahre vom Gesetz losriss"[63]. Diese Wahrheit wird von Paulus in Badious Interpretation als singuläre Universalität entwickelt und sie ist damit „ganz und gar subjektiv"[64]. Um zu verstehen, was Badiou mithilfe des Paulus unter Universalismus versteht, ist es notwendig, die Begriffe des Singulären, der Subjektivität bzw. des Subjekts, der Wahrheit und des Gesetzes zu klären. Diese und weitere Begriffe sind nicht nur für sein Paulusbuch, sondern für sein gesamtes theoretisches Werk zentral. Bereits in seiner ersten großen Arbeit entwickelte Badiou eine „Theorie des Subjekts"[65].[66]

62 Ebd. 133 f. Und: Geitzhaus, Philipp: Wiederkehr der Religion? Alain Badiou entdeckt das Christentum, in: Ramminger, Michael/Segbers, Franz (Hg.): „Alle Verhältnisse umzuwerfen und die Mächtigen vom Thron zu stürzen". Das gemeinsame Erbe von Christen und Marx, Hamburg-Münster 2018, 182-193. Zitiert als Geitzhaus: Wiederkehr.

63 Ebd. 24.

64 Ebd. 23.

65 Badiou: TS.

66 In diesem Buch soll und kann keine Entwicklung der genannten Begriffe in Badious gesamten Werk nachgezeichnet werden, sondern sie sollen in erster Linie aus dem Paulusbuch selbst entwickelt werden. Dort, wo es die Analyse des Paulusbuchs unterstützt, werde ich jedoch auch andere Arbeiten einbeziehen.

Badiou situiert die Auseinandersetzung um die Begriffe der „Universalität" und der „Wahrheit", also die Auseinandersetzung, die auch innerhalb der politischen Philosophie der 1990er Jahre und heute geführt wurden und werden, in die Zeit des Paulus. Diese Auseinandersetzung sieht er auf dem sogenannten Apostelkonzil bzw. „Treffen von Jerusalem" geführt.

> Das Treffen von Jerusalem (im Jahre 50 oder 51) ist für diese Fragen, die die Verknüpfung der Singularität mit der Universalität organisieren, von entscheidender Wichtigkeit.[67]

Selbstverständlich diskutierten die Apostel nicht unter Verwendung der modernen bzw. der Begriffe von Badiou, denn es wurde dort das spezielle Thema der Beschneidung verhandelt. Badiou interpretiert diese Diskussion aber als Frage danach, was ein Subjekt kennzeichnet.[68] Mit dieser (historischen?) Rekonstruktion der Frage verschiebt Badiou die Perspektive. Der Untertitel seines Buches spricht von der „Begründung des Universalismus" und seine Gegenwartsdiagnose im ersten Kapitel endet mit dem Anliegen, die Möglichkeit einer universalisierbaren Singularität aufzuzeigen. Verschiebt sich jetzt das Anliegen aber auf eine Auseinandersetzung um eine Theorie des Subjekts, wenn er nach der Kennzeichnung eines Subjekts fragt? Für Badiou stehen die Begriffe des „Universalismus" und des „Subjekts" in einem engen Zusammenhang und lassen sich nur voneinander her verstehen. Auf dem Apostelkonzil macht Badiou zwei Theorie-Lager aus. Das erste ist das „judenchristliche Lager der strengen Observanz", das zweite wird von Paulus angeführt und könnte als das Lager der Universalität bezeichnet werden. Beide Lager beziehen sich auf das „Christusereignis"[69], die Auferstehung, welche ihr christliches Selbstverständnis begründet. Jedoch ziehen sie unterschiedliche Konsequenzen aus diesem Ereignis. Für das erste Lager erfüllt das

---

67 Badiou: Paulus, 32.

68 Ebd. 32.

69 Ebd. 32.

Christusereignis das Gesetz und bestätigt damit „den traditionellen Ort des Glaubens“[70]. Die traditionellen Kennzeichnungen – in Anlehnung an Badious Gegenwartsdiagnose könnte man auch von Identitätsmerkmalen sprechen – werden zwar christlich umgestaltet, entfalten aber nur um so stärker ihre Wirkung. Das zweite Lager um Paulus zieht aus dem Christusereignis die Konsequenz, dass alle früheren Kennzeichnungen unwichtig werden. „[D]ie neue Universalität steht mit der jüdischen Gemeinschaft in keiner privilegierten Beziehung.“[71] Diese neue Universalität ist im Christusereignis fundiert. Badiou hebt zwar hervor, dass Paulus selbstverständlich Jude war und „ganz und gar der jüdischen Kultur“[72] angehörte und dass sich jedes Ereignis, und eben auch das Christusereignis, in einer bestimmten Gemeinschaft bzw. Kultur ereignet(e). Die „Wahrheitseffekte“ eines Ereignisses sind aber von diesen Gegebenheiten einer Gemeinschaft, in der sich das Ereignis ereignet hat, unabhängig. Badiou zitiert deshalb 1 Kor 7,19 „Beschnitten sein ist nichts, und unbeschnitten sein ist nichts.“[73] Zentral für ihn ist die Bedeutungslosigkeit der Beschneidung, denn es kommt auf das Halten der Tora an. Den Streit auf dem Apostelkonzil interpretiert Badiou philosophisch in drei Schritten: 1. Unterbrechung: Was wird von einem Ereignis unterbrochen? 2. Treue: „Was heißt es, einer ereignishaften Unterbrechung treu zu bleiben?“ und 3. Kennzeichnung: „[G]ibt es Merkmale oder sichtbare Zeichen der Treue?“ und die „Grundfrage“ lautet: „Wer ist Subjekt des Wahrheitsprozesses?“[74]

---

70 Ebd. 32.

71 Ebd. 32 f.

72 Ebd. 33.

73 Badiou zitiert nicht mehr den zweiten Teil des Verses: „Beschnitten sein ist nichts, und unbeschnitten sein ist nichts, sondern: Gottes Gebote halten.“ 1 Kor 7,19. „Gottes Gebote“ meint in diesem Zusammenhang die Tora. In der deutschen Ausgabe des Paulusbuchs wird die revidierte Luther-Übersetzung von 1964 verwendet. Ebd. 8.

74 Alle Zitate in ebd. 33.

Die Darstellung von Badious philosophisch-geschichtlicher Rekonstruktion des Apostelkonzils ist deshalb von Bedeutung, da hier von Badiou der zentrale theoretische Bezug zu Paulus hergestellt wird. In der Rekonstruktion und Interpretation Badious des Apostelkonzils verdichten sich auch einige seiner Begriffe zu einem Zusammenhang, der für das Verständnis des gesamten Buchs hilfreich ist. Denn die Frage nach dem Subjekt des Wahrheitsprozesses stellt auch die Annäherung an den Universalismusbegriff dar. Als Subjekt sind potentiell alle Menschen adressiert und das Subjekt ist gleichzeitig Agent eines Universalisierungsprozesses. Folgt man dem Gliederungsvorschlag seiner Argumentation aus dem ersten Kapitel, dann wird die singuläre Universalität in vier Schritten entwickelt.[75] Diese vier Schritte werde ich im Folgenden skizzieren.

Schritt 1: Die Entstehung des Subjekts

Nachdem Badiou seine Gegenwartsdiagnose vorgestellt und für die Gegenwart die Relevanz des Paulus präsentiert hat, widmet er sich den politisch-philosophischen Fragen, die er mit der Figur des Paulus und seinen Briefen verknüpft. Der erste Argumentationsschritt für die Darlegung eines singulären Universalismus ist die Entstehung des Subjekts, das im Kontext der Paulusbriefe ein christliches Subjekt ist. Dieser Schritt wird in den Kapiteln vier bis sechs des Paulusbuchs ausgeführt.

Wieder knüpft Badiou an das Apostelkonzil an und führt jetzt die beiden grundlegenden und oben bereits erwähnten Positionen aus. Dafür werden auch diese beiden Positionen in einen größeren Kontext gestellt. Badiou spricht hier von einer „Theorie der Diskurse“. Er sieht zu Paulus‘ Zeit vornehmlich zwei herrschende Diskurse bzw. entnimmt diese den Paulusbriefen, die von einem dritten ergänzt werden. Zwei dieser Diskurse strukturieren die

75 Vgl. im dritten Kapitel „Aufbau des Paulusbuchs“.

damalige Gesellschaft und der dritte wird durch Paulus als Konsequenz aus dem Christusereignis als Gegendiskurs neu eingeführt. Die beiden genannten Diskurse sind durch die Begriffe „Jude" und „Grieche" gekennzeichnet. Diese Begriffe rekurrieren jedoch bei Paulus nicht auf irgendein Volk oder irgendeine Religion, sondern sie sind *„subjektive Dispositionen*"[76]. Badiou geht es damit um „das, was für Paulus in der Welt, in der er lebt, die beiden kohärenten intellektuellen Figuren sind – also um das, was man *Regimes des Diskurses* nennen könnte."[77] Es handelt sich also nicht um angeborene oder gesellschaftlich notwendige Denkweisen, sondern um intellektuelle Konzepte, die prinzipiell bewusst angeeignet werden können. Badiou nimmt hier explizit Bezug auf Jacques Lacans Theorie der Diskurse, ohne diese jedoch auszuführen oder Quellen zu nennen. Laut Peter Widmer lässt sich ein Diskurs bei Lacan von seiner lateinischen Bedeutung her verstehen. „Discurere" heißt „umherlaufen". „Ein Diskurs läuft; angetrieben wird er von einer Frage, deren Antwort er sucht. Ihr Finden wäre gleichbedeutend mit dem Finden einer *Wahrheit*."[78] Unterschiedliche Diskurse unterscheiden sich dementsprechend durch unterschiedliche Fragen, die sie jeweils antreiben.[79]

Badiou definiert den jüdischen Diskurs als den des Propheten, der wiederum verstanden wird als „derjenige, der den Zeichen verpflichtet ist, der Zeichen gibt, der die Transzendenz bezeugt, indem er das Dunkle seiner Entzifferung aussetzt."[80] Weiterhin handelt es sich, in Badious Verständnis, um einen „Diskurs der Ausnahme, denn das prophetische Zeichen, das Wunder und die Erwählung bezeichnen die Transzendenz als das Jenseits der na-

76 Badiou: Paulus, 53. Hervorhebung im Original.

77 Ebd. 53. Hervorhebung im Original.

78 Widmer: Subversion, 135. Hervorhebung im Original.

79 Zu den verschiedenen Diskursen bei Lacan vgl. Widmer: Subversion, 135-152.

80 Badiou: Paulus, 54.

türlichen Totalität."[81] Der jüdische Diskurs thematisiert dementsprechend die Ausnahme von der bestehenden Ordnung. Diese Ausnahme drückt sich aber durch bestimmte Zeichen bzw. Kennzeichen aus, wie beispielsweise die Beschneidung.

Der zweite Diskurs, der griechische, steht dem jüdischen als „kosmischer" Diskurs gegenüber. Es handelt sich um den Diskurs des Weisen. „Die Weisheit aber ist Aneignung der festen Ordnung der Welt."[82] In diesem Diskurs ist keine Ausnahme, keine Besonderheit vorgesehen.

Badiou interpretiert nun Paulus so, dass dieser im jüdischen wie im griechischen Diskurs „die beiden Seiten *derselben Figur von Herrschaft*"[83] sieht. Die Herrschaft des griechischen Diskurses zeichnet sich dadurch aus, dass sie keine Ausnahme duldet, diejenige des jüdischen Diskurse zeichnet sich hingegen dadurch aus, dass er nur als Ausnahme von eben dieser griechischen Totalität funktioniert. Beide Herrschaftsweisen sind durch die Bindung an ein Gesetz definiert, sie funktionieren nur über ihr jeweiliges Gegenüber und spalten die Menschheit so entzwei.

Gegenüber diesen beiden (Herrschafts-)Diskursen, die spaltend wirken, sieht Badiou Paulus eine universale Heilslogik formulieren:

> Das Projekt des Paulus besteht darin, zu zeigen, dass eine universale Heilslogik sich mit keinem Gesetz verträgt, weder mir dem, welches das Denken an den Kosmos bindet, noch mit dem, welches die Regeln einer exzeptionellen Erwählung angibt.[84]

Diese universale Heilslogik ist für Paulus eine bzw. die entscheidende Konsequenz aus dem Christusereignis.

In der Theorie Badious ist ein Ereignis „illegal", das heißt, es bedeutet etwas radikal Neues gegenüber dem Bestehenden.[85] Das

81 Ebd. 54.
82 Ebd. 54.
83 Ebd. 55. Hervorhebung im Original.
84 Ebd. 55.
85 Vgl. die 18. Meditation in Badiou: SuE, 211-218.

Bestehende wird in Badious Terminologie *état* genannt, worin die beiden Bedeutungen von Status, im Sinne von Zustand, und Staat, im Sinne der rechtlichen Ordnung, impliziert sind.[86] Diese grundlegende Denkfigur greift er auch für die im Paulusbuch entworfene Theorie der Diskurse auf.

> Man muss vom Ereignis als solchem ausgehen, das akosmisch und illegal ist, sich keiner Totalität einfügt und ein Zeichen von nichts ist. Vom Ereignis auszugehen, bringt jedoch kein Gesetz hervor, keine Form von Herrschaft, weder die des Weisen noch die des Propheten.[87]

Paulus bezieht sich so auf das Christusereignis, dass er keinen neuen Herrschaftsdiskurs einführt, sondern einen Weg der Egalität findet. Diesen nennt Badiou den Diskurs des Sohnes bzw. den christlichen Diskurs. Damit bezieht er das von Lacan im Anschluss an Freud entwickelte Konzept vom Diskurs des Vaters (bzw. des Herrn) auf den „Sohn" Jesus Christus bzw. „Gottes Sohn" im christlichen Verständnis. Den Diskurs des Vaters begreift Badiou als einen Diskurs des Gehorsams, weshalb dieser Begriff auf den jüdischen wie den griechischen Diskurs zutrifft. Demgegenüber ist der Diskurs des Sohnes bei Badiou der Aufruf, sich „keinem Diskurs mehr anvertrauen [zu] sollen, der auf die Form der Herrschaft Anspruch erhebt"[88]. Stattdessen bedeutet der Diskurs des Sohnes, der in einem Ereignis gründet, eine grundlegende Egalität. „Durch das Ereignis treten wir ein in die Gleichheit der Söhne."[89] Das Christusereignis ist deshalb nicht als Erfüllung (beispielsweise eines Gesetzes) zu begreifen, sondern als „reiner Beginn"[90]. Doch wo ist innerhalb der drei Diskurse das Subjekt situiert? Das Subjekt entsteht durch das Ereignis und durch das Bekenntnis zum Ereignis. Das Ereignis – das Christus-

86 Vgl. die neunte Meditation in Badiou: SuE, 123-130. Hier 123.

87 Badiou: Paulus, 55.

88 Ebd. 56.

89 Ebd. 63.

90 Ebd. 64.

ereignis im Falle des Paulus – ist nicht als Substanz oder als Lehre zu denken, sondern als Punkt, an dem etwas Neues beginnt. Dieses Neue muss aber auch erkannt, bekannt (Bekenntnis) und getan werden. Das ist bei Badiou das Subjekt. Umgekehrt bedeutet das, dass ein Subjekt nur Subjekt ist, insofern es erkannt und bekannt hat und entsprechend handelt:

> Das Ereignis ist keine Lehre, der Christus ist kein Meister, Jünger kann es nicht geben. Gewiss ist Jesus „Herr" (κύριος) und Paulus sein „Diener" (δοῦλος). Das Christusereignis schreibt jedoch für die künftigen Zeiten keine Autorität eines neuen subjektiven Wegs vor, und dass wir dem Wahrheitsprozess zu dienen haben, ist nicht mit der Knechtschaft zu verwechseln, aus der wir vielmehr, weil wir alle zu Söhnen dessen, was uns geschehen ist, geworden sind, auf immer entlassen sind.[91]

Das Subjekt ist dementsprechend als subjektiver Weg oder Prozess aufzufassen. Einerseits verdankt es sich durch den Gnadenakt eines Ereignisses – Badiou versteht seinen Materialismus auch als einen „Materialismus der Gnade"[92] –, ist passiv. Andererseits steht das Ereignis nicht für sich, sondern muss als solches auch wahrgenommen werden. Damit beinhaltet das Subjekt auch ein aktives Moment. Das Subjekt sowie das Ereignis ist nicht ohne die Praxis des Subjekts zu denken. Gleichzeitig kreiert das Subjekt sich nicht selbst, sondern verdankt sich durch das Ereignis. Praxis ist jedoch weder als beliebige unbewusste oder beliebige bewusste Handlung zu verstehen, sondern als direkte Konsequenz aus dem widerfahrenen Ereignis. Das heißt, sie ist nicht beliebig. Der egalitäre Charakter, der dem Ereignis innewohnt, muss dementsprechend auch in der Praxis des Subjekts wiedererkannt werden können. Da Badiou den Diskurs betont, dürfte die zentrale Form dieser Praxis im sprachlichen bzw. textlichen Ausdruck, das heißt im sprachlichen Bekenntnis des Ereignisses bestehen.

---

91 Ebd. 79 f.

92 Ebd. 84.

Badiou differenziert das Subjekt noch in einem weiteren Schritt. Ein Ereignis führt zu einem gespaltenen Subjekt bzw. konstituiert ein gespaltenes Subjekt: „Unsere These ist in der Tat die, dass ein ereignishafter Bruch sein Subjekt immer in der geteilten Form eines ‚Nicht … sondern' konstituiert […]."[93] Diese Form des „Nicht … sondern" entnimmt Badiou von Röm 6,14, wo es heißt: „denn ihr seid nicht unter dem Gesetz, sondern der Gnade." Damit weist er darauf hin, dass ein Subjekt nicht dem Bestehenden, nicht dem „*État*" (Status/Staat) angehört, sondern dem Neuen. Badiou erkennt die Form der Teilung auch in der paulinischen Unterscheidung von Geist und Fleisch (Röm 8,6). Er übersetzt den Vers folgendermaßen: „Das Denken des Fleischs ist Tod, das Denken des Geistes ist Leben." Diese Begriffe versteht er nicht als moralische, sondern als grundsätzliche Lebensmaximen. In einem Subjekt sind diese beiden Maximen wirksam, sodass es eine Tendenz zum Tod und eine zum Leben gibt. Letztere verknüpft Badiou auch mit der Auferstehung. Damit nimmt die Teilung des Subjekts zwei Dimensionen an – Žižek spricht von „*zwei* ‚Spaltungen des Subjekts'"[94]: Einmal gibt es die Teilung der Maxime zum Tod und der zum Leben, dann gibt es die Teilung der Zugehörigkeit zum Gesetz, zum Status/Staat und zum Neuen. Die Ausrichtung zum Tod entspricht dem Bleiben im Gesetz, die Ausrichtung zum Leben entspricht dem Werden im Neuen. Die Formulierung, dass ein Ereignis eine Teilung im Subjekt konstituiert, beinhaltet eine Undeutlichkeit. Gründet das Ereignis den subjektiven Weg des Fleischs und den subjektiven Weg des Lebens, also ein geteiltes Subjekt? Diese Möglichkeit klingt an in Formulierungen wie:

> Der Anteil des Seins zum Tode ist im geteilten Subjekt der, der noch „Nein" sagt, der sich nicht dem exzeptionellen „Sondern" der Gnade, des Ereignisses, des Lebens überlassen will.[95]

---

93 Ebd.80.

94 Žižek: Die Tücke des Subjekts, 206.

95 Badiou: Paulus, 92.

Oder fügt das Ereignis einem bereits bestehenden Subjekt, das zuerst dem Gesetz verhaftet ist, den subjektiven Weg zum Leben hinzu? Damit bestünde ein Subjekt schon vor dem Ereignis und dieses hätte nur die Funktion, den subjektiven Weg zum Leben einzuführen. Beide Möglichkeiten, die Konstituierung eines geteilten Subjekts durch ein Ereignis oder die Einführung einer Teilung durch ein Ereignis in ein bereits existierendes Subjekt, sind für das Paulusbuch nicht ausgeschlossen. Mit der zweiten Möglichkeit wäre jedoch die grundsätzliche und für das Badiou'sche Werk typische Annahme, dass ein Subjekt erst durch ein Ereignis hervorgerufen wird[96], das heißt im Bekennen bzw. als Konsequenz des Ereignisses konstituiert wird (passiv) und sich konstituiert (aktiv)[97], in Frage gestellt. Wenn man jedoch davon ausgeht, dass das Ereignis das Neue in Form des Denkens und Handelns zum Leben in einen oder mehrere und potentiell alle Menschen einführt[98], ist damit eine Teilung im Menschen ermöglicht worden und die Formulierung des „Nicht ... sondern" gewinnt an Kohärenz:

> Wenn das Ereignis in die Konstitution des Subjekts, das es verkündet, eingehen kann, dann weil es in ihm, und unter Ablehnung jeglicher Partikularität der Person, unablässig die Teilung der beiden Wege vollzieht und das „Nicht ... sondern" distribuiert, welches in einem unendlichen Prozess das Gesetz verdrängt, um unter die Gnade zu treten.[99]

Wenn Badiou von „unablässig" spricht, weist er darauf hin, dass diese Teilung nicht nur einmal mit der Konstituierung eines Subjekts vollzogen wird, sondern ein unabgeschlossener Prozess ist. Das heißt: Nicht ein Mensch oder mehrere Menschen sind Sub-

96 Vgl. auch Badiou: SuE, 454: „Es [das Subjekt, P.G.] stellt die lokalen Effekte einer Treue zum Ereignis dar."

97 Zu den Begriffen „passiv" und „aktiv" für Badious Subjekttheorien vgl. Pluth: Badiou, 127-153.

98 Badiou: SuE, 455: „Ein Subjekt bemisst die *Neuheit* der kommenden Situation [...]." Hervorhebung im Original.

99 Badiou: Paulus, 81.

jekt, sondern sie werden zu Subjekten insofern sie ein Ereignis mit dem „Weg des Lebens“ bekennen und sie sind es auch nur im Prozess der Bekenntnis-Praxis. Dieser Weg des Lebens wird von Badiou im Paulusbuch auch Auferstehung genannt: „*Das paulinische Denken löst die Fleischwerdung in der Auferstehung auf.*“[100] Slavoj Žižek expliziert in seinem Kommentar zu Badious Paulusinterpretation die Teilung des Subjekts mithilfe des Begriffs „Leben“: „Demnach haben wir zwei Leben, das endliche biologische Leben und das ewige Leben der Teilnahme am Wahrheits-Ereignis der Auferstehung.“[101] In einem anderen mit Peter Engelmann geführten Interview pointiert Badiou das Verhältnis von Subjekt und Individuum (man könnte noch das Kollektiv hinzufügen):

> Das Subjekt ist also immer die treibende Kraft (*agent*) von etwas Derartigem [einer neuen Idee, P.G.], das heißt von etwas, das für das Individuum wie der Anfang einer Ausnahme von seiner gewöhnlichen Seinsweise ist.[102]

Das heißt, dass ein Individuum oder Kollektiv an einer treibenden Kraft teilhaben kann oder dass der Teil eines Individuums, der zur treibenden Kraft wird, Subjekt ist. Beides ist möglich und hängt von der Art des Subjekts ab. Im Falle eines politischen Subjekts bei Badiou handelt es sich um ein transindividuelles, weshalb die treibende Kraft im Individuum auch transindividuell verstanden werden muss. Mit dem Paulusbuch lässt sich die „treibende Kraft“ auch subjektiver Weg des Lebens oder auch Auferstehung nennen. Dieses Zitat weist aber darüber hinaus noch auf den Aspekt

---

100 Ebd. 93. Hervorhebung im Original.

101 Žižek: Die Tücke des Subjekts, 200. Žižek spricht in diesem Kommentar vom „Wahrheits-Ereignis“. Badiou hingegen verwendet diese Begriffskombination nicht: „Die Wahrheit ist für mich nicht der Name des Ereignisses. Oft wird so getan, als sei das dasselbe. Die Wahrheit ist das, was sich als System der Konsequenzen entfaltet und sich festmacht an einer noch nicht dagewesenen Figur des Subjekts als Folgeerscheinung des ereignishaften Bruchs.“ Zitiert nach Bosteels: Werdegang, 182, Fn. 118.

102 Badiou: Philosophie und Kommunismus, 65. Hervorhebung im Original.

der „Ausnahme“ von einer „gewöhnlichen Seinsweise“ hin. Der zweite Schritt des Paulusbuchs erläutert diese Denkfigur.

Schritt 2: Wahrheit versus Gesetz – Die Neuheit des Subjekts

Der zweite Schritt in Badious Argumentation zur Begründung einer singulären Universalität ist die Darlegung, dass jede Wahrheit „ganz und gar subjektiv“[103] (nicht subjektivistisch, beliebig) ist und gegen das Gesetz eingeführt wird. Damit wird eine weitere Dimension der Neuheit des Subjekts thematisiert, die den oben dargestellten dritten, christlichen Diskurs ergänzt. Das Subjekt wird gegen das Gesetz konstituiert, was im ersten Schritt durch die Formulierung „Nicht ... sondern“ ausgedrückt wurde. Badiou expliziert also in diesem zweiten Schritt die zweite Teilung/Spaltung des Subjekts. Dies geschieht vornehmlich im siebten Kapitel „Paulus gegen das Gesetz“ des Paulusbuchs.

Um die Neuheit des Subjekts und seinen Bezug zur Wahrheit zu begründen, greift Badiou die zentralen paulinischen Begriffe Glaube, Werk, Gnade und Gesetz sowie die schon thematisierten Begriffe Fleisch und Geist auf. Die ersten vier Begriffe begreift Badiou als die „Grundentscheidungen eines Subjekts“[104]. Glaube und Gnade sieht Badiou bei Paulus dem Werk und dem Gesetz entgegengestellt. Erstere siedelt er auf dem subjektiven Weg des Lebens, letztere auf dem subjektiven Weg des Todes an. Doch wie kommt es, so fragt er, „dass das Gesetz der Seite des Todes zugeschlagen werden muss?“[105] Die knappe Antwort lautet: „Das Gesetz ‚objektiviert‘ das Heil und untersagt dessen Verbindung mit der Grundlosigkeit des Christusereignisses.“[106] Um das Verhältnis von Gesetz und Tod sowie von Gesetz und der Neuheit des Sub-

103 Badiou: Paulus, 23.

104 Ebd. 95.

105 Ebd. 95.

106 Ebd. 95.

jekts nachzuvollziehen, bedarf es einer Auseinandersetzung mit Badious Gesetzesverständnis.

In seinem Paulusbuch kombiniert Badiou zwei Gesetzeskonzepte miteinander, die er als zwei Dimensionen des Gesetzes darlegt. Das erste Konzept ist ein staatlich-ontologisches und damit wiederum in zwei Dimensionen geteilt, die Badiou aber bewusst in einen inneren Zusammenhang stellt, wie der zentrale Begriff „*état*" (Staat/Status/Zustand) anzeigt. Das zweite Konzept bezieht sich auf Lacan, der den Zusammenhang von Gesetz und Begehren analysiert hat.

a) Zum staatlich-ontologischen Konzept: Für Badiou ist jedes Gesetz partikular, da es nur das bzw. denjenigen akzeptiert, der unter seine Bestimmung fällt. In Badious Terminologie könnte man auch sagen, dass es nur das zulässt, was es zählen kann bzw. zählt. Diesem Gedanken liegt ein ontologischer Ansatz zu Grunde, der in seinem Paulusbuch nur in Ansätzen dargestellt wird. In seinem Buch „Das Sein und das Ereignis" legt Badiou eine umfangreiche Analyse des Seins (und des Ereignisses) vor. Diese wird vornehmlich in mathematischen bzw. in mengentheoretischen Begriffen entwickelt. Sein Ausgangspunkt ist: „Das Eins *ist nicht*."[107] Dieser Ausgangspunkt ist eine Setzung, das heißt, ein Axiom, eine Entscheidung Badious.[108] Selbstverständlich werden beim Denken oder Sprechen Einsen verwendet, jedoch handelt es sich dabei um Operationen oder Rechenverfahren; die Eins ist eine Zahl. Badiou spricht deshalb auch von der „Zählung-als-Eins"[109]. Er nimmt statt der Eins oder dem Einen, das in-konsistente Sein ohne Prinzip und Ursprung an. Erst durch eine Operation der Zählung erlangt eine gegebene Menge Konsistenz. Es handelt sich dann um eine präsentierte Vielheit (Vielfaches oder

107 Badiou: SuE, 37. Hervorhebung im Original.

108 „Es gibt keine zwingende Weise, für Axiome zu argumentieren; sie sind, präzise gesagt, Voraussetzungen." Pluth: Badiou, 60.

109 Badiou: SuE, 39 und öfter.

Menge). In Badious Terminologie heißt eine präsentierte Vielheit auch „Situation". Alles das, was zu einer Situation gehört, wird als Eins gezählt und umgekehrt: Alles, was nicht gezählt wird, gehört auch nicht zur Situation. Ontologisch betrachtet gibt es nur Situationen inklusive dem, was in der Situation gezählt wird.[110] Die Zählung hat für Badiou den Charakter eines gesetzgeberischen Verfahrens. Durch Formulierungen, wie „staatlich" oder „gesetzgeberisches Verfahren", lässt Badiou immer deutlich die politisch-juristische Dimension anklingen, wie umgekehrt alles Politisch-juristische eine ontologische Dimension habe.[111]

Die Zählung als gesetzgeberisches Verfahren gilt grundsätzlich für alle Situationen: für die Zählung derjenigen Elemente, die beispielsweise zu einem Stadtpark gehören (Bäume, Bänke, Wege usw.), wie für politisch-soziale im Falle eines Staates, der seine BürgerInnen registriert (zählt).[112] Durch eine Zählung wird eindeutig, was dazu gehört und was nicht (ein Einkaufszentrum wird in der Regel nicht zu einem Stadtpark gehören). In seinem Paulusbuch, in dem sich Badiou intensiv mit dem französischen Nationalismus der 1990er Jahre auseinandersetzt, schreibt er, dass die rechtliche sowie soziale Zählung der BürgerInnen im Hinblick auf das Leben von MigrantInnen dramatische Züge annimmt. Identitäre Überprüfung, die mit einer rechtlichen Zählung einhergeht, nennt er eine „polizeiliche Treibjagd"[113].

Wenn Badiou in seinem Paulusbuch vom Gesetz spricht, ist damit als eine Dimension sein staatlicher und damit zählender Charakter gemeint: „Paulus ist sich dessen bewusst, dass das Gesetz immer staatlichen Charakter hat."[114] Auch hier muss „staatlich" im

110 Badiou: SuE, 40. Die Ontologie wiederum ist die Situation der Situation.

111 Eine ausführliche Darstellung von Badious Ontologie findet sich in Pluth: Badiou, 41-83 und Bosteels: Werdegang, 91-112.

112 Vgl. Pluth: Badiou, 52.

113 Badiou: Paulus, 16.

114 Ebd. 96. Sowie: „Unter ‚staatlich' verstehen wir das, was die Bestandteile einer Situation zählt, benennt und kontrolliert."

umfangreichen Verständnis von Staat, Status, Zustand gedacht werden. Badiou verbindet mit dem Gesetz die ein- und ausschließende Dimension von Gesetzen. Ein Gesetz definiert heute wie zur Zeit des Römischen Reichs, wer dazu gehört und wer nicht, unabhängig davon, ob eine Person anwesend ist, oder nicht. Einige MigrantInnen beispielsweise werden nicht als deutsche oder französische StaatsbürgerInnen gezählt, obwohl sie in einem der beiden Länder leben. Badiou arbeitet in seinem Paulusbuch keinen umfangreichen Gesetzesbegriff heraus, was Gesine Palmer kritisiert und Badious Ansatz im Ganzen als „leere Geste der Radikalität“[115] interpretiert. Andererseits gibt es sicherlich Gesetzesverständnisse, die von Badious Interpretation zwar nicht erfasst werden, aber sich mit dieser vermitteln ließen. So legt beispielsweise der Exeget Dick Boer[116] dar, wie das Gesetz der Tora als Befreiungsverfassung von BundesgenossInnen begriffen werden kann. Eine so verstandene Tora wäre ein Gegengesetz, gegen alle Gesetze und Maßnahmen, die unterdrücken. Es könnte deshalb mit Badious politisch-emanzipatorischen Anliegen in ein konstruktives Gespräch gebracht werden.[117] Badiou selbst formuliert auch ein positives Gesetzesverständnis, das Liebesgebot, was im folgenden Unterkapitel näher erläutert wird.

Gegenüber dem bzw. gegen das (staatliche, etatistische) Gesetz entwickelt Badiou ein Konzept der Gnade. Die Gnade, von der Paulus schreibt, ist in seiner Interpretation keine gesetzliche oder staatliche Praxis. Sie gelte demnach nicht nur partikular, eine be-

---

115 Palmer: „Wir würden es jederzeit wieder tun“, 39 und: „[D]as Problem [bei Badiou, P.G.] ist, dass der immer mitgenannte ‚exemplarische Gegner‘ der ‚Wahrheitsoperation‘, *das Gesetz*, den Differenzierungsgrad eines Pappkameraden hat, während der ‚Schütze‘, die Theorie des Paulus, filigranst ausgearbeitet und nachgezeichnet ist. Da lässt sich dann freilich großartig schießen.“ Ebd., 38. Hervorhebung im Original.

116 Vgl. Boer, Dick: Erlösung aus der Sklaverei. Versuch einer biblischen Theologie im Dienst der Befreiung, Münster 2008, 95-132.

117 Boer unternimmt dieses Gespräch ansatzweise in Boer, Dick: Theopolitische Existenz. Von gestern, für heute, Berlin-Münster 2017, 298-304.

stimmte Gruppe priorisierend, sondern prinzipiell allen Menschen ohne Ausnahme. Badiou entnimmt diesen universalen Charakter der Gnade dem monotheistischen Prinzip. „Die Grundfrage ist die, was es eigentlich bedeutet, dass es einen einzigen Gott gibt." Und weiter:

> Seine [des Paulus P.G.] im eigentlichen Sinn revolutionäre Überzeugung ist die, dass das *Zeichen des Einen das „Für alle" oder das „Ausnahmslos" ist.* Dass es einen einzigen Gott gibt, ist nicht als eine philosophische Spekulation über die Substanz oder über das höchste Seiende zu verstehen, sondern von der Struktur der Adresse her.[118]

Diese Universalität, die nach Badiou für Paulus im Monotheismus begründet ist, richtet sich gegen die Partikularität des Gesetzes. Das, was prinzipiell und ungeschuldet an alle gerichtet ist, nennt Paulus Gnade, so Badiou: „Die Gnade ist das Gegenteil des Gesetzes, insofern sie das ist, was kommt, *ohne geschuldet zu sein.*"[119] Die Neuheit eines Subjekts, das durch das (Christus-)Ereignis entsteht und dieses bekennt, ist im Sinne der so formuliert Gnade, an alle Menschen gerichtet bzw. für alle Menschen möglich. Doch muss der monotheistische Gedanke ernst genommen werden. Der Monotheismus der Adresse ist gleichzeitig ein grundloser. Er ist ohne Ursache. Diese Struktur entspricht damit Badious Ontologie der Mannigfaltigkeiten.

b) Das bereits erwähnte zweite Gesetzesverständnis Badious wird anhand des psychoanalytischen Begriffs des Begehrens von Lacan erläutert. Warum führt das Gesetz zum Tod? Badiou liefert in seinem Paulusbuch keine Definition dessen, was das Begehren ist, obgleich sich einige Funktionsweisen herausstellen lassen. Das Begehren ist keine Sünde bzw. ist nicht die Sünde und es ist auch nicht mit einem Begriff wie „Gelüste" zu übersetzen.[120] *„Die Sünde*

118 Badiou: Paulus, 96.
119 Ebd. 97. Hervorhebung im Original.
120 Ebd. 99.

ist das Leben des Begehrens als Autonomie, als Automatismus.“[121] Und das Gesetz ist dasjenige, was dem Begehren Leben verleiht.[122] Grundsätzlich lässt sich mit der Psychoanalyse Lacans sagen, dass das Begehren durch die Erfahrung eines Mangels und die Hoffnung auf Erfüllung hervorgerufen wird.[123] „Das Subjekt ist am Objekt interessiert, weil es glaubt, dass dieses seinen Mangel, den es am Andern der Sprache erfährt, deckt.“[124] Das Begehren ist damit so umfassend zu begreifen, dass man es zu den menschlichen Grunderfahrungen zählen kann. Es entwickelt sich bereits im Kleinkindalter durch den Ablösungsprozess von der Mutter. In der allmählichen Distanz zur Mutter erfährt das Kind einerseits den Mangel der Mutter und beginnt andererseits sich selbst, vermittelt über den Blick der Mutter, als Individuum wahrzunehmen.[125] Begehren steht demnach nicht für sich, sondern ist immer auf ein Objekt gerichtet. Bei Badiou nimmt das Gesetz in diesem Zusammenhang die Funktion ein, das Objekt des Begehrens zu fixieren und es so vom Willen des Subjekts zu trennen.

> Das Leben des vom Gesetz fixierten und befreiten Begehrens ist das, was sich, exzentrisch zum Gesetz, als unbewusster Automatismus abspielt, ein Automatismus, demgegenüber das unwillentliche Subjekt nur noch den Tod zu erfinden fähig ist.[126]

Dadurch, dass auf Grund des Gesetzes nicht (mehr) das Subjekt aktiv lebt, sondern das begehrte Objekt anstatt des Subjekts lebt, findet eine Umkehrung statt. Begehrendes Subjekt und begehrtes Objekt wechseln ihre Positionen. Badiou nennt das die „Exzentrierung des Subjekts“[127]. Mit Paulus könnte man daher auch vom subjektiven Weg des Fleisches sprechen. In diesem Sinne führt

---

121 Ebd. 100. Hervorhebung im Original.

122 Ebd. 99.

123 Widmer: Subversion, 63.

124 Ebd. 64.

125 Ebd. 26-36.

126 Badiou: Paulus, 100.

127 Ebd. 104.

das Gesetz zum Tod. Demgegenüber steht der paulinische Weg des Lebens. Durch diesen gelangt ein Mensch auch zum „Heil", was Badiou folgendermaßen definiert:

> dass das Denken vom Tun und von der Macht nicht getrennt zu sein braucht. Von Heil kann man sprechen, wenn die geteilte Figur des Subjekts das Denken in der Macht des Tuns unterstützt.[128]

Dieses Miteinander von Denken und Tun im Subjekt nennt Badiou auch eine „Wahrheitsprozedur"[129]. Damit dieser Zusammenhang von Denken und Tun möglich wird, bedarf es eines Ereignisses. Denn „[d]as Denken kann nur durch etwas, was seine Ordnung überschreitet, aus seiner Ohnmacht befreit werden." Badiou spricht von der Herstellung des Denken-Tun-Zusammenhangs auch von einer „brutalen Wiederherstellung des Wegs des Lebens"[130]. Auch wenn der Weg des Lebens eine subjektive Disposition bedeutet, kann er doch nicht bloß aus der willentlichen Entscheidung eines Individuums oder Kollektivs gewählt werden. Es bedarf einer vom Individuum externen Ursache, einer Konfrontation, die Badiou Ereignis nennt.

In diesem zweiten Schritt, in dem Badiou anhand von Paulus die Wahrheit als subjektiv erklärt, hat er eine Ergänzung zur Teilung des Subjekts im ersten Schritt vorgenommen. Mit der Theorie der Diskurse hat Badiou die Entstehung des Subjekts dargestellt. Das paulinische bzw. christliche Subjekt gehört weder dem griechischen, noch dem jüdischen Diskurs an, sondern es entsteht durch das Christusereignis und drückt sich im egalitären Diskurs des Sohnes aus. Der egalitäre Diskurs des Sohnes, den Paulus verwendet, zeichnet sich vor allem dadurch aus, dass in ihm alle partikularen und partikularisierenden Identitäten zwar nicht als falsch, aber als obsolet eingestuft werden. Wenn Badiou im zweiten Schritt die Wahrheit als ganz und gar subjektiv darstellt,

128 Ebd. 105.

129 Ebd. 105.

130 Beide Zitate aus ebd. 106.

die sich auch gegen jedes Gesetz bzw. die Bindung an jedes Gesetz richtet, geht er auf den staatlichen (etatistischen) oder besser gesagt, den anti-staatlichen Charakter der Wahrheit ein, wenn „staatlich" im Badiou'schen Sinn von Staat/Status/Zustand verstanden wird. Anders formuliert: Wenn Badiou von Wahrheit spricht, geht er von einer aus, die neu und unabhängig von Gesetz und Staat/Zustand begriffen werden muss. Es ist also nicht nur ein Subjekt, das als Neues, sondern auch eine Wahrheit, die als neue, vom Ereignis hervorgerufen, entsteht.

Nun lässt sich fragen, warum die Wahrheit subjektiv ist. Eine Wahrheit im Badiou'schen Sinne besteht aus drei Dimensionen: Die Dimension des Einen (im Falle des Paulus im Sinne des Monotheismus, der durch seine Adressierung strukturiert ist), des Universalen (die prinzipielle Geltung für alle) und des Singulären (entsteht durch ein Ereignis).[131] Dass eine Wahrheit durch ein Ereignis hervorgebracht wird, bedeutet auch, dass diese von einem Subjekt transportiert werden muss, denn ein Ereignis entsteht nicht für sich, sondern muss immer von einem Subjekt erkannt, bekannt und im Handeln tradiert werden. Dieses Subjekt kann ein Individuum sowie ein Kollektiv sein. Im Falle des Christentums könnte man also an Paulus, jede einzelne Gläubige sowie die Kirche als Kollektiv denken. Subjekt im Sinne Badious ist immer das, was diese drei Aktionen vollzieht und nur dann, wenn und solange es diese Aktionen vollzieht. Was das für ein Subjekt praktisch bedeutet, stellt Badiou im dritten Schritt dar.

Schritt 3: Das Subjekt als Träger einer Wahrheit

Die Verbindung von Subjekt und Wahrheit analysiert Badiou im dritten Schritt, der sich vornehmlich in den Kapiteln acht und neun des Paulusbuchs niederschlägt. In den beiden Kapiteln geht es um die paulinischen Begriffe „Glaube", „Liebe" und „Hoffnung".

131 Ebd. 96.

Was kennzeichnet ein Subjekt bzw. das christliche Subjekt nach Paulus? Es wurde geklärt, dass ein Subjekt etwas Neues ist, das sich eines Ereignisses verdankt. Solch ein Ereignis gilt aber nicht ausschließlich für dieses eine Subjekt, sondern ist prinzipiell an alle gerichtet und hat damit egalitären Charakter. Das Subjekt ist dasjenige, was das Ereignis erkennt, bekennt und daraus praktische Konsequenzen zieht. Die praktische Dimension des Subjekts besteht darin, dass in diesem der Zusammenhang von Denken und Handeln (wieder-)hergestellt wird, was Badiou auch als „Weg des Lebens" bezeichnet. Dieser Prozess wird „Wahrheitsprozedur" genannt. Im dritten Schritt geht Badiou näher darauf ein, was es für das Subjekt heißt, ein Ereignis zu bekennen.

Auch wenn das Ereignis und in Folge das Subjekt einen antistaatlichen und anti-gesetzlichen Charakter hat, heißt das für Badiou nicht, dass es nach einem Ereignis für ein Subjekt kein Gesetz mehr gibt. Bei Paulus erkennt er, dass sehr wohl ein fundamentales Gesetz für das (christliche) Subjekt Geltung beansprucht. Gemeint ist das sogenannte Liebesgebot „Liebe deinen Nächsten wie dich selbst". Es handelt sich jedoch um ein besonderes Gesetz. Zum einen ist es das einzige Gesetz, das Geltung beanspruchen kann. Badiou spricht von einer Reduzierung der Vielzahl der Gesetze auf ein wesentliches. Zum anderen handelt es sich um eine „nicht objektbezogene Maxime"[132] und es durchbricht so die Autonomie des Begehrens durch das Gesetz bzw. Verbot. Außerdem ist es ein Gesetz, dass die subjektive Überzeugung, den Glauben, benötigt und nicht (bloß) eine Vorschrift ist. Es handelt sich bei dem Liebesgebot um ein neues Gesetz, das von Badiou auch „Gesetz des Geistes"[133] genannt wird, da es nicht nur ein literales ist. „Das Gesetz kehrt zurück als für alle gültige Artikulation des Lebens, als Weg des Glaubens, als Gesetz jenseits des Gesetzes."[134] Damit nimmt es die Form einer minimalen Institutio-

132 Ebd. 111.

133 Ebd. 107.

134 Ebd. 109.

nalisierung der Konsequenzen, die aus einem Ereignis geschlossen werden, an.

> Die materielle Gewissheit der wahren Subjektivierung ist jedoch das öffentliche Bekennen des Ereignisses unter seinem Namen, der „Auferstehung". Es gehört zum Wesen des Glaubens, sich öffentlich zu bekennen. Die Wahrheit ist kämpferisch, oder sie ist nicht.[135]

Nina Power weist auf den Aspekt der Motivation bei Badiou hin: „Strukturen und Organisationen reichen nicht aus, wenn ihre Teilnehmer nicht von der Motivation ergriffen sind, die ihre ursprüngliche Bewegung in Gang setzte."[136] Nur das öffentliche Bekennen ermöglicht es, das (Christus-)Ereignis weiterzutragen, indem es mitgeteilt wird. Das für alle geltende Ereignis wird auf diese Weise auch praktisch in Form des Bekenntnisses universalisiert. Die Formulierung der „ringenden Universalität", die Slavoj Žižek in seiner eigenen Pauluslektüre verwendet, dürfte auch hier treffend sein.[137] Das neue Gesetz bedarf des Glaubens bzw. des Liebesgebotes deshalb, da es sich nicht um ein Verbot handelt, sondern „reine Affirmation"[138] ist. Sie ist die Proklamation des Neuen und stellt das Verhältnis zum Ereignis und seiner Wahrheit dar. Sie ist „immer nur Liebe zu jener lebendigen Wahrheit, die das Subjekt, das sie bekennt, induziert."[139] Badiou definiert nun die so verstandene Liebe als „Treue": „Die Liebe ist im paulinischen Denken eben die Treue zum Christusereignis, gemäß einer Macht, die der Selbstliebe eine *universale Bestimmung* gibt."[140] Mit dem Begriff „Treue" hat Badiou neben „Ereignis" oder „Subjekt" einen weiteren zentralen Terminus seines Werks eingeführt.[141] Der Be-

135 Ebd. 109. Badiou zitiert hier Röm. 10, 8-10.

136 Power: Subjekt, 236.

137 Vgl. Žižek: Die Puppe, 112.

138 Badiou: Paulus, 111.

139 Ebd. 111.

140 Ebd. 111 f. Hervorhebung im Original.

141 Badiou: SuE 263-288. „Ich nenne Treue die Gesamtheit der Vorgänge (Menge der Prozeduren), durch die man in einer Situation die Vielheiten unter-

griff der Treue verweist darauf, dass das subjektive Denken und Handeln nicht bloßen Spontaneismus oder gar Willkür meint. Auch widerspricht Badiou einem zu unmittelbaren Denken von Heil. Die Treue ist ein Prozess der Beständigkeit. Sie bedeutet das Denken und Handeln zwischen dem Ereignis und der Realisierung des Heils. Umgekehrt heißt das,

> dass es kein augenblickliches Heil gibt, dass die Gnade selbst nur der Hinweis auf eine Möglichkeit ist. Das Subjekt muss in seiner Mühe und nicht nur in seinem unvermittelten Auftreten gegeben sein.[142]

Badiou hat tatsächlich auch Institutionen im Blick, wenn er von Treue spricht, auch wenn diese Institutionen häufig in einen Prozess des Verrats an der Treue geraten. Er macht das in einem anderen Kapitel an der katholischen Kirche und dem Begriff der Heiligkeit, die als Element des Treueprozesses verstanden werden kann, fest:

> Eine Heiligkeit, die in eine Aktualität wie die des römischen Reichs oder auch des gegenwärtigen Kapitalismus eingetaucht ist, kann sich nur schützen, wenn sie mit aller erforderlichen Härte eine Kirche schafft. Aber diese Kirche macht aus der Heiligkeit ein Priestertum.[143]

Badiou weist mit diesem Beispiel darauf hin, dass sich Treueprozeduren niemals losgelöst von gesellschaftlichen Realitäten abspielen und damit immer wieder in Gefahr sind, das Neue (die „Heiligkeit"), das sie proklamieren, zu verraten, indem sie es institutionalisieren. Doch andererseits kann sich keine Neuheit ohne

---

scheidet, deren Existenz von einer ereignishaften Vielheit abhängt, welche – unter dem überzähligen Namen, den ihr ein Eingriff zugewiesen hat – in Bewegung gesetzt worden ist. Eine Treue ist letztlich die Anordnung (das Dispositiv), welche in der Menge der präsentierten Vielheiten diejenigen aussondert, die von einem Ereignis abhängen. Treu zu sein, heißt das Legalwerden eines Zufalls zusammenzufügen und hervorzuheben." (263).

142 Badiou: Paulus, 113.

143 Ebd. 51 f.

eine Institutionalisierung unter bzw. gegen die gesellschaftlichen Realitäten halten. Auch ein minimales Gesetz, wie das Liebesgebot, bedeutet schon eine gewisse Institutionalisierung.

Den Begriff „Hoffnung" verwendet Badiou für die „Maxime der Ausdauer"[144] zwischen einem Ereignis und der Realisierung des Heils. Sie stellt damit, metaphorisch gesprochen, die Energie des Denkens und Handelns in der Zwischenzeit dar. Für Badiou stellt sich aber die Frage, „auf welcher Seite man bei einem Subjekt die kämpferische Energie sucht"[145]. Ist das Ereignis oder doch die Realisierung des Heils Quelle der kämpferischen Energie? Hier ist zu beachten, dass Badiou eine implizite Verschiebung der Begriffe vornimmt. Ging es im achten Kapitel noch um den Begriff des Heils, den Badiou auch mit „Befreiung" übersetzt[146], und um den Hinweis, dass eine Realisierung des Heils nicht augenblicklich möglich sei, wird im neunten Kapitel der Begriff „Gericht" eingeführt. Dementsprechend fragt Badiou im neuen Kapitel nicht nach der Zeit bzw. dem Handeln und Denken zwischen dem Ereignis und dem Heil, sondern nach der Zeit zwischen dem Ereignis und dem Gericht. „Gericht" ist bei Badiou aber, anders als der Begriff des Heils, negativ konnotiert. „Hält man sich ans Gericht, so hofft man auf Belohnung."[147] Und: „Die Hoffnung [auf das Gericht, P.G.] ist dann vom Hass auf die anderen, vom Ressentiment durchzogen."[148] Badiou interpretiert also das Gericht nicht im Sinne eines Gerechtigkeit schaffenden Weltgerichts, sondern als Hoffnung auf Bestrafung der anderen. Doch diese Art von Hoffnung widerspricht, so Badiou, der Hoffnung auf eine „Versöhnung im Universalen des Denkens und der Macht, die Paulus die Liebe

144 Ebd.115.

145 Ebd. 115.

146 Ebd. 113. Der Begriff der Befreiung wird übrigens ohne jeglichen Bezug zur Theologie der Befreiung, die auch in seinem ganzen Buch keine explizite Rolle spielt, eingeführt.

147 Ebd. 115.

148 Ebd. 116.

nennt."[149] Wie Versöhnung realisiert werden könnte, wird von ihm nicht ausgearbeitet. Die Begriffsverschiebung wird von Badiou im neunten Kapitel konsequent fortgesetzt, selbst wenn der Begriff des Heils in seinen Pauluszitationen auftaucht, so zum Beispiel Röm 13,11:

> Und das tut, weil ihr die Zeit wisset, nämlich dass die Stunde da ist, aufzustehen vom Schlaf, denn unser Heil ist jetzt näher, als da wir gläubig wurden. Die Nacht ist vorgerückt, der Tag aber nahe herbeigekommen. So lasset uns ablegen die Werke der Finsternis und anlegen die Waffen des Lichts.[150]

Doch statt auf den Begriff des Heils und die Naherwartung auf seine Realisierung bei Paulus einzugehen, interpretiert er diese Passage als „apokalyptische und aggressive Atmosphäre", bis hin zur „Genugtuung über die Bestrafung der Gottlosen", die er jedoch bei Paulus nur sehr selten aufkommen sieht.[151]

Mit der Begriffsverschiebung von „Heil" zu „Gericht" kann Badiou auf seine Frage, auf welcher Seite die Quelle der kämpferischen Energie des Subjekts zu suchen ist, auch mit dem Verweis auf das Ereignis antworten. Die Quelle liegt im vergangenen Ereignis. Die durch das Ereignis gespeiste Egalität und prinzipielle Universalität stellt die Quelle des Subjekts dar. Das Handeln und Denken im Sinne der Egalität und der Universalität nach dem Ereignis ist mit dem Begriff der Hoffnung verknüpft:

> Der Glaube wäre die Öffnung zum Wahren, die Liebe wäre die universalisierende Wirksamkeit des von ihm zurückgelegten Wegs, die Hoffnung schließlich wäre ein Maxime der Ausdauer.[152]

Die Hoffnung in diesem Verständnis ist die Ausdauer der Arbeit am Universalen, das heißt die Ausdauer für den subjektiven Weg des Lebens. Die Universalität wiederum wird nicht vom Subjekt geschaffen, sondern im Handeln – Badiou spricht auch vom Sub-

149 Ebd. 116.

150 Zitiert nach ebd. 117.

151 Ebd. 117.

152 Ebd. 115.

jekt als „Mit-Arbeiter“[153] – realisiert das Subjekt die vom Ereignis eingesetzte Universalität. Und Badiou fügt hinzu: „Jeder errungene Sieg, mag er noch so lokal sein, ist universal.“[154] Universalität ist dementsprechend nicht etwas, was noch aussteht, sondern was als Ideal[155] bzw. Idee durch ein Ereignis bereits initiiert wurde, sich aber noch materialiter realisieren muss. Jedes Denken und Handeln im Sinne dieses Universalismus wird von Badiou dementsprechend als universal bezeichnet.

Im dritten Schritt seines Argumentationsgangs hat Badiou das Subjekt näher als Träger einer Wahrheit bestimmt, die nicht in einem bestimmten Moment aufgekommen ist und dann als Information existiert. Eine Wahrheit ist zwar das, was mit einem Ereignis aufkommt, aber auch was mit dem Aufkommen ein Subjekt ergreift und sich mit ihm (weiter-)entwickelt.[156] Eine Wahrheit ist nicht statisch[157], sondern sie geht in den subjektiven Prozess der Vereinigung von Denken und Handeln ein, der sich näherhin mit den paulinischen Begriffen Glaube, Hoffnung und Liebe charakterisieren lässt. Dieser Prozess wird von Badiou auch eine Treueprozedur genannt. Der starke Ausdruck der Treue bezeichnet die aktive Seite des Subjekts, das auf die Wahrheit, von der es ergriffen wird, reagiert. Badiou drückt damit das Ineinander von aktiv und passiv, das bereits thematisiert wurde, aus. Ein Individuum oder Kollektiv ist einem Ereignis nicht ausgeliefert, doch wenn es sich für das Ereignis und seine Wahrheit entscheidet und in Treue an seiner Universalisierung arbeitet, wird es Subjekt[158]. Damit stellt sich die Frage nach dem „Zwischen“. Was passiert zwischen

153 Ebd. 81.

154 Ebd. 119.

155 Der Begriff der idealen Universalität von Étienne Balibar scheint mir hier passend zu sein. Balibar: Der Schauplatz, 301-309.

156 In seinem Buch „Die kommunistische Hypothese“ schreibt Badiou: „Ich nenne ‚Wahrheitsprozedur‘ oder ‚Wahrheit‘ eine kontinuierliche Organisation der Konsequenzen eines Ereignisses in einer Situation (in einer Welt).“ Badiou: Hypothese, 163

157 Pluth: Badiou, 110.

einem Ereignis und der Realisation seiner Wahrheit? Oder eventuell: Was passiert zwischen zwei Ereignissen? Wie funktioniert der Prozess der Universalisierung? Diese Fragen werden in den letzten beiden Kapiteln des Paulusbuchs diskutiert.

Schritt 4: Das Subjekt und der Universalismus

Der Untertitel des Paulusbuchs lautet „Die Begründung des Universalismus“. Bei der Lektüre des Buchs könnte der Eindruck entstehen, dass Badiou über weite Strecken eher eine Subjekttheorie als eine Universalismustheorie entwickelt. Der Eindruck trügt insofern nicht, als Badious Theorie des Universalismus mit seiner Subjekttheorie eng verknüpft ist. Genauer müsste man sagen, dass es sich nicht um zwei Theorien, sondern um ein zusammenhängendes Theoriegebäude handelt, das darüber hinaus in seinem Werk immerzu weiterentwickelt wird. Der theoretische Zusammenhang der Begriffe des Subjekts und des Universalismus deutet sich schon ansatzweise im Begriff der singulären Universalität bzw. der universalisierenden Singularität an. Denn, so meine Interpretation, das Universale drückt sich in einer Singularität, einer Besonderheit, aus, die Teil des Subjekts wird. Es geht meines Erachtens aus dem Paulusbuch nicht eindeutig hervor, ob die Singularität die besondere und jeweils einzigartige Stätte eines Ereignisses (a), die inhaltliche Botschaft, die durch ein Ereignis vermittelt wird (b) oder das eine Subjekt, das vom Ereignis initiiert wird (c), meint. Ist es möglich, dass alle drei Elemente zusammen die Singularität ausmachen? Alle drei Elemente können bei Badiou als besonders, konkret und einzigartig verstanden werden. Im zehnten und elften Kapitel expliziert Badiou den Begriff des Universalen, bzw. der Universalität und führt damit den im ersten Ka-

158 In seinem Werk entwickelt Badiou seine Subjekttheorie stets weiter. In seinem späteren Buch „Logiken der Welten“ wird er seine Subjekttheorie differenzieren und unterschiedliche Subjekttypen (treu, reaktiv und dunkel) herausarbeiten. Vgl. Badiou: LdW, 63-97 und Pluth: Badiou, 171-176.

pitel seines Buchs genannten vierten Schritt durch, um abschließend darzulegen, was eine singuläre Universalität ist.

Schon in seiner Gegenwartsdiagnose im Paulusbuch hat Badiou das Problem von Identitäten angesprochen und seine Faszination für Paulus egalitären Pathos von Gal 3,28 ausgedrückt. Diese Stelle ist auch der erste biblische Text, den Badiou in seinem Paulusbuch zitiert.[159] Die Betonung von Identitäten führt damals wie heute zu gefährlichen Trennungen zwischen den Menschen, weshalb es diese Identitäten mit einem Universalismus zu überwinden gelte, wie Badiou in seiner Gegenwartsdiagnose darstellt. Doch was bedeutet ein Universalismus angesichts bestehender Identitäten? Obwohl Badiou scharfe Worte gegenüber Identitäten findet[160], ist er fern davon, Unterschiede zu leugnen oder gar zu unterdrücken:

> Wenn die Hoffnung reine Geduld des Subjekts, Einbeziehung des Selbst in die Universalität der Adresse ist, dann folgt daraus keineswegs, dass man die Unterschiede ignorieren oder missachten dürfte.[161]

Zwar setzt eine Wahrheit auf Grund ihres universalen und egalitären Anspruchs alle Unterschiede außer Kraft, annulliert diese aber nicht. Denn in der Welt gibt es Unterschiede und „[m]an könnte sogar sagen, dass es nichts anderes gibt“[162]. Badiou spricht deshalb vom „durchqueren“ der Differenzen, was er auch als Entfaltung der Wahrheit auf „*immanente Weise*“[163] bezeichnet. Badiou erkennt in Paulus (1 Kor 9,19-22) jemanden, der die Differenzen sogar sucht, um sie zu durchqueren und damit außer Kraft zu setzen. Er interpretiert Paulus so, dass dieser in der Suche und der

159 Badiou: Paulus, 16.

160 So nennt nennt er Identitätskonstruktionen mitunter „kommunitaristische Buntscheckigkeit“, die sich mit dem Kapitalismus ausgezeichnet vertragen. Badiou: Paulus, 13 f.

161 Ebd. 121.

162 Ebd. 121.

163 Ebd. 121. Hervorhebung im Original.

Annahme der Differenzen, das „Denken der Leute“[164] aufgreift, um ihnen die Wahrheit des (Christus-)Ereignisses zugänglich zu machen. Daraus lässt sich schließen, dass der Prozess der Universalisierung im Denken und Handeln eines Subjekts die kreative und, wenn die Vermittlung der Wahrheit des Christusereignisses gelingen soll, vielleicht sogar pädagogische Verbreitung des egalitären Prinzips ist. Um den Gedanken des neuen Gesetzes (das Liebesgebot) aus dem achten Kapitel aufzugreifen, müsste es darum gehen, alle bestehenden Gesetze und Bräuche auf dieses einfache Gebot als das wesentliche Gebot zu reduzieren: „Die christliche Militanz muss eine indifferente Durchquerung der mundanen Differenzen sein und jeder Kasuistik der Gebräuche aus dem Weg gehen.“[165] Er nennt diese Haltung auch eine *„tolerante Indifferenz gegenüber den Differenzen“*[166]. Dieses Vorgehen erkennt Badiou im ganzen Handeln des Paulus, was er ihm als „progressive Erfindung“[167] anerkennend zuschreibt und worin sein Interesse an diesem Apostel begründet liegt. Das Denken des Universalen verortet er allerdings schon vorher in der griechischen Philosophie sowie in einigen Büchern des Ersten Testaments, was er aber nicht ausführt. Die „Begründung des Universalismus“ sieht Badiou deshalb nicht in der Begründung des Begriffs, sondern in der Vorgehensweise des Paulus. Wenn zwar nicht als systematische Theorie, dann aber in engagierter Briefform hat Paulus in der Interpretation Badious „die formalen Bedingungen und die unvermeidlichen Konsequenzen eines Wahrheitsbewusstseins, das in einem reinen Ereignis wurzelt“[168] entwickelt. Paulus hat gezeigt, dass „[d]as Denken [...] nur dann universal [ist], wenn es sich an alle anderen wendet, und [sich] in dieser Adresse [...] als Macht [verwirklicht]“[169]. Das

164 Ebd. 122.

165 Ebd. 123.

166 Ebd. 123. Hervorhebung im Original.

167 Ebd. 128.

168 Ebd. 131.

169 Ebd. 133.

Subjekt im badiouschen Verständnis des Paulus ist demnach eines, das mit der „gedankliche[n] Außerkraftsetzung von Differenzen“[170] Gleichheit produziert. Gleichheit und diese Außerkraftsetzung begreift Badiou als die „materiellen Zeichen des Universalen“[171]. Die Begründung des Universalismus ist dementsprechend die Begründung eines Denkens, das sich mit einem egalitären Handeln bzw. einem Handeln, das Gleichheit hervorbringen will, verbindet.

Dieses Denken und Handeln gestaltet die Zeit nach einem Ereignis und meint damit die Treueprozedur eines Subjekts. Doch gibt es auch ein Woraufhin des Subjekts? Badiou verwehrt sich und Paulus gegen den Gedanken auf ein zukünftiges Ereignis. Ein Ereignis ist nicht etwas, das erhofft wird oder sinnvoll erhofft werden könnte. Solch eine Hoffnung verknüpft er unmittelbar mit dem Wunsch nach einer Belohnung, was sich aus seinem Gerichtsverständnis erschließt. Im Denken Badious und dem, das er bei Paulus erkennt, ist ein Subjekt immer auf ein vergangenes Ereignis orientiert, was er Treue nennt. Historisch kann ein Ereignis auch lange zurückliegen. Das egalitäre Denken und Handeln des Subjekts ermöglicht es anderen Menschen, sich auch von einem Ereignis subjektivieren zu lassen, was am Beispiel der Kirche nachvollzogen werden kann, der es über Jahrhunderte hinweg gelingt, Menschen zu subjektivieren.[172] Badiou schließt sein Paulusbuch mit der Frage nach dem Kommen eines Ereignisses:

> Aber muss man warten, wenn alles von einem Ereignis abhängt? Gewiss nicht. Viele Ereignisse, selbst sehr weit entfernte, verlangen noch unsere Treue. [...] Es nützt übrigens auch gar nichts, zu warten, denn es gehört zum Wesen des Ereignisses, dass es von keinem Zeichen angekündigt wird und uns mit seiner Gnade überrascht, wie wachsam wir auch immer sein mögen.[173]

---

170 Ebd. 133.

171 Ebd. 133.

172 Zur Zeit nach einem bzw. zwischen zwei Ereignissen vgl. ebd. 116 und 135.

173 Ebd. 135.

Die Nutzlosigkeit des Wartens entnimmt Badiou dem ersten Thessalonicherbrief: „Der Tag des Herren wird kommen wie ein Dieb in der Nacht." (1 Thes 5,2) Der Abschluss des Buches ist auffällig. Denn im gleichen Absatz wird einerseits die Treue vergangenen Ereignissen gegenüber hervorgehoben und andererseits doch die Offenheit für weitere Ereignisse, die sich aber nicht im Warten äußern soll, genannt. Die Zeit zwischen zwei Ereignissen oder zwischen einem Ereignis und der Realisierung seiner egalitären Wahrheit scheint auch Badiou nicht abschließend zu klären, obgleich er die Treue gegenüber vergangenen Ereignissen betont.[174]

Paulus als Vermittlung, Theoretiker und Beispiel

In den vorherigen Unterkapiteln habe ich Badious Darstellung des Paulus im Fortgang seines Paulusbuchs dargelegt und den Zusammenhang zwischen seiner Universalismus- und seiner Subjekttheorie erläutert. Wie bereits erwähnt, hat sich Badiou auch und sogar vornehmlich auf andere Weise mit einer Subjekt- und – etwas weniger – mit einer Universalismustheorie beschäftigt. Warum bemüht sich Badiou um eine Interpretation des Paulus? Welche Funktion bekommt Paulus in Badious Interpretation zugesprochen? Im zweiten Kapitel dieses Buches habe ich mit Dominik Finkelde argumentiert, dass für die neuere philosophische Pauluslektüre der Apostel als Vermittlung für eine Neubestimmung politischer Philosophie gilt. In der Figur des Paulus werden formale Elemente für die jeweiligen politisch-philosophischen Konzepte entdeckt und dahingehend ausbuchstabiert. So ver-

174 Dieser Aspekt wird in den Kapiteln 4 und 5 wieder aufgegriffen. Badiou: „Wichtig ist hier, zu bemerken, dass ein Ereignis nicht die Realisierung einer der Situation internen oder von den transzendentalen Gesetzen der Welt abhängenden Möglichkeit ist. Ein Ereignis ist die Schöpfung neuer Möglichkeiten." Ders.: Hypothese, 162. Sowie: „Die Kommune [von Paris 1871, P.G.] hat wie jedes wirkliche Ereignis, nicht ein Mögliches *verwirklicht*, sondern sie hat es *geschaffen*." Ders.: Hypothese, 149. Hervorhebung im Original.

gleicht Badiou Paulus mit Lenin[175], dem Vorsitzenden der Bolschewiki-Partei während der russischen Revolution 1917 ff. und der Kommunistischen Partei Russlands. Der Vergleich wird aber nur im Vorwort erwähnt und nicht ausgearbeitet. Der Leser kann aus den wenigen Informationen des Vorworts eher von Paulus auf Lenin schließen, als umgekehrt. Für Badiou ist „Paulus [...] ein dichterischer Denker des Ereignisses"[176]. In diesem Sinne dürfte Badiou auch Lenin als einen Denker des Ereignisses, des Neuen, des Beginns begreifen. Die Gemeinsamkeit von Paulus und Lenin sieht er aber auch darin, dass beide „Kämpfer im Dienst der Partei"[177] seien. Bei Lenin ist es die Bolschewiki-Partei, bei Paulus die Kirche. Beide Institutionen sind Konsequenzen, die aus dem Ereignis, dem Beginn von etwas Neuem, gezogen werden. Doch für Badiou steht nicht die Ausarbeitung der Konsequenzen, im Falle des Paulus die Geschichte der Kirche, im Vordergrund. Nimmt man seine Aussagen zur Bedeutung von kommunistischen Parteien für die Gegenwart zur Kenntnis, ist dieser Aspekt nachvollziehbar. Für Badiou sind kommunistische Parteien für heute kein adäquates Modell der Politik mehr.[178] Sein Schwerpunkt liegt vielmehr auf dem Beginn der Konsequenzen, die aus einem Ereignis gezogen werden. Lenin lancierte die kommunistische Hypothese während des Ersten Weltkriegs[179] und Paulus entwickelte einen speziellen Typus von Universalismus, der sich durch seinen egalitären Charakter auszeichnet. Die Figur des Paulus ist dementsprechend mehr als eine kreative Vermittlung, im Sinne eines Kunstwerks oder fiktionaler Literatur, durch die hindurch aktuelle Problemstellungen beleuchtet werden könnten. Paulus ist für Badiou ein historischer „Theoretiker des Universalen"[180], eines Universalismus, der durch die Identitäten hindurchgeht, ohne sie zu eli-

---

175 Badiou: Paulus, 8.

176 Ebd. 8.

177 Ebd. 8.

178 Badiou: Sarkozy, 119.

179 Ebd. 117 f.

minieren. Obwohl Badiou den Inhalt, die Bedingung dieses Universalismus, das Christusereignis, als Fabel bezeichnet, hindert ihn das nicht, die theoretische Leistung des Paulus anzuerkennen. Diese Diskrepanz von Inhalt und formaler Praxis wird im Falle des Paulus „Antiphilosophie“[181] genannt. Den Begriff „Antiphilosophie“ begreift Badiou nicht abwertend gegenüber der Philosophie, sondern als eine Form des Gegensatzes zur Philosophie. Dieser geht es um die argumentative Darlegung eines Sachverhalts, für die Antiphilosophie in Badious Verständnis sind Argumente hingegen nachrangig. Sie bezeugen eine Wahrheit durch ihre Praxis bzw. in Form eines Zeugnisses, das notwendig subjektiven Charakter hat: „Es gehört aber zum Wesen der Antiphilosophie, dass die subjektive Position im Diskurs zum Argument wird. Existentielle, manchmal scheinbar bloß anekdotische Fragmente werden zu Garanten der Wahrheit erhoben.“[182] Im Falle des Paulus ist die Praxis des Briefeschreibens in ihrer engagierten Form gemeint: „Paulus erinnert in seinen Schriften stets daran, dass er ermächtigt ist, als Subjekt zu sprechen.“[183] Diese Ermächtigung wird nicht argumentativ dargelegt, sondern mit Überzeugung, bzw. in Form des Zeugnisses behauptet. Paulus bürgt für diese Ermächtigung. Wenn Badiou in den paulinischen Briefen eine Theorie des Universalismus entdeckt, gehört diese Theorie der Antiphilosophie an und sie wird auf antiphilosophische Weise dargelegt. In diesem Sinne ist für Badiou Paulus *„ein antiphilosophischer Theoretiker der Universalität“*[184]. Weitere Antiphilosophen sind für Badiou beispielsweise Lacan, Kierkegaard oder Rousseau.[185] Eine Darlegung verschiedener Ansätze der Antiphilosophie hat Badiou

180 Badiou: Paulus, 132. Sowie: „Paulus ist eine ferne Figur in dreifacher Hinsicht: was den historischen Ort, was seine Rolle als Gründer der Kirche und was die provokante Konzentration des Denkens auf das Moment der Fabel betrifft.“ (12).

181 Ebd. 25 und öfter.

182 Ebd. 25.

183 Ebd. 26.

184 Ebd. 132.

in einer Seminarreihe vorgenommen, in der Paulus den Abschluss darstellte und aus der vier Veröffentlichungen hervorgegangen sind.[186]

In Badious Paulusbuch kommt Paulus neben der Funktion der Vermittlung und der (antiphilosophischen) Initiierung eines Universalismus eine dritte zu. Paulus fungiert auch als Beispiel. Diese Funktion ist mit der Frage verbunden, ob es in Badious Philosophie neue Ereignisse braucht oder nicht. Peter Zeillinger unterscheidet in Badious Denken zwischen der „*Möglichkeits*-bedingung“ und der „*Ermöglichungs*-bedingung“ für Politik, die wiederum „Akt eines Subjekts“ im Badiou'schen Sinn ist.[187] Politik stellt in diesem Zusammenhang eine spezifische Weise des subjektiven Agierens dar, das aus der Treue zum Ereignis folgt. Zeillinger fragt damit, ob eine so verstandene Politik in Badious Denken nicht nur möglich, sondern auch tatsächlich ermöglicht wird und konstatiert: „Eine solche *Ermöglichung* würde bei Badiou allenfalls das Ereignis selbst sein.“[188] Damit Politik verwirklicht werden kann, bedarf es bei Badiou eines Ereignisses. Das Problem besteht nun für Zeillinger darin, dass ein Ereignis nicht für die Zukunft behauptet, sondern immer nur im Nachhinein, d.h. „im Modus des *Futur antérieur* – ‚XY wird ein Ereignis gewesen sein, Politik wird ermöglicht worden sein‘“[189] erkannt werden kann. Zeillinger stellt

185 In neueren Publikationen charakterisiert Badiou auch Karl Marx als Antiphilosophen: „En un sens, comme Freud et comme Lacan le seront, Marx est un antiphilosophe.“ Ders.: Marxisme, 35.

186 Badiou, Alain: Le Séminaire. Nietzsche, L'antiphilosophie 1, 1992-1993, Paris 2015. Ders: Wittgensteins Antiphilosophie, Zürich-Berlin 2008. Ders.: Lacan Antiphilosophie 3, Wien 2015. Sowie: Bosteels, Bruno: Radical Antiphilosophy, in: Filozofski vestnik: Volume/Letnik XXIX. Number/Številka, 2008, 155–187.

187 Zeillinger, Peter: Dem Ereignis nach-denken. Hat Badious Philosophie eine Zukunft? 221-237, hier 232, in Knipp, Jens/Meier, Jens (Hg.): Treue zur Wahrheit. Die Begründung der Philosophie Alain Badious, Münster 2010. Hervorhebung im Original. Zitiert als Zeillinger: Ereignis.

188 Zeillinger: Ereignis, 233.

189 Ebd. 233. Hervorhebung im Original.

richtig fest, dass „[d]ie Zukunft der Politik [...] also von der Vergangenheit eines Ereignisses abzuhängen [scheint].“[190] Darin sieht er aber eine Schwierigkeit für zukünftige Politik liegen. Wird Politik auch in Zukunft oder bereits gegenwärtig ermöglicht werden können? Ließe sich mit Badiou ein Ereignis, das nicht nur prinzipielle Möglichkeit, sondern tatsächliche Ermöglichung bedeutet, denken? Zeillinger interpretiert meines Erachtens Badious Ereignistheorie als eine formale Theorie, die von tatsächlichen politischen Gegebenheiten zu weit entfernt ist. Identifiziert Zeillinger nicht das Subjekt mit dem Individuum (oder Kollektiv)? Wenn Subjekt und Individuum in eins fielen, bedürfte es tatsächlich für jedes Individuum, das politisch handeln soll, eines Ereignisses, um Subjekt zu werden. Oder falls Zeillinger Subjekt und Individuum nicht identifiziert, scheint er wenigstens keine Kontinuität eines Subjekts zu denken. Subjekt und Individuum miteinander zu identifizieren, ist im Falle des Paulusbuchs nicht ganz abwegig, wenn man das Individuum Paulus als Subjekt interpretiert. Doch muss bedacht werden, dass bei Badiou nur dasjenige Subjekt ist, was die Treue zum Ereignis hält. Im Falle des Paulus wäre dieser Subjekt, insofern und solange er die Treue zum Christusereignis hält. Das Subjekt endet aber nicht mit Paulus, sondern alles das, was diese Treue hält, bleibt Subjekt. Hier wäre an die Kirche, insofern sie die Treue zum Christusereignis hält, zu denken, die die Kontinuität des Subjekts bedeutete.

Damit stellt sich die Frage nach der Teilhabe am Subjekt. Im Fall eines Subjekts, das ein Individuum (zeitlich) übersteigt, muss es eine Möglichkeit geben, als Individuum Teil eines Subjekts zu werden, ohne unmittelbar das Ereignis erfahren zu haben. Diese Frage ist nicht nur aus subjekttheoretischen Gründen von Bedeutung, sondern auch aus ereignistheoretischen. Badiou weist in seinem Paulusbuch deutlich darauf hin, dass Ereignisse nicht planbar sind, „denn es gehört zum Wesen des Ereignisses, dass es von

190 Ebd. 233.

keinem Zeichen angekündigt wird"[191]. Im gleichen Zug konstatiert er aber auch, dass es vergangene Ereignisse gibt, die „noch unsere Treue [verlangen]"[192]. Damit geht Badiou davon aus, dass vergangene Ereignisse, auch solche, die weit zurückliegen, noch Relevanz entfalten können. Wie können Individuen nun an Subjekten, die dem Ereignis treu sind, teilhaben? Wie können sich Individuen subjektivieren lassen? Badiou legt in seinem Paulusbuch dar, wie der Apostel nach seiner Erfahrung des Christusereignisses aktiv wird und zahlreiche andere Menschen von der Botschaft überzeugen will, so dass partikulare Identitäten überschritten werden können.

> Die Texte des Paulus sind Briefe, die ein Führer an die von ihm gegründeten oder unterstützten Gruppen richtet. [...] Es sind kämpferische Dokumente, versandt an kleine Kerngruppen von Bekehrten.[193]

Damit präsentiert Badiou Paulus als Beispiel für Subjektivierungsprozesse in mehrfacher Hinsicht. Zum einen wird der Subjektivierungsprozess des Paulus selbst argumentativ dargestellt, zum anderen wird die Aktion des Paulus, andere Menschen in seine Gemeinden zu inkorporieren, also am treuen Subjekt teilzuhaben, aufgeführt und außerdem wird Paulus eine aktuelle Bedeutung zugesprochen, wenn mit Hilfe dieser Figur neue „militante Figuren" unterstützt und eventuell gefunden werden sollen: „Daher diese Reaktivierung des Paulus."[194] Das Paulusbuch erhält dadurch auch einen appellativen Charakter.

Zusammenfassend lassen sich meines Erachtens drei Funktionen in Badious Paulusbuch herauskristallisieren, die die Figur des Paulus erfüllt: 1. Paulus wird als Vermittlung zur Neubestimmung politischer Philosophie genutzt. 2. Paulus wird als historischer Theoretiker formaler Grundzüge eines Universalismus vorgestellt.

---

191 Badiou: Paulus, 135.

192 Ebd. 135.

193 Ebd. 43.

194 Ebd. 8.

3. Paulus dient als Beispiel für einen gelungenen Subjektivierungsprozess, dem Badiou auch heute noch aus formaler Sicht Relevanz zuschreibt.

4. Paulinischer Universalismus

Im dritten Kapitel habe ich ausführlich Badious Pauluslektüre anhand seines Paulusbuchs vorgestellt. Dabei stand sein Argumentationsgang zur Entfaltung eines paulinischen Universalismus im Vordergrund. Ich habe herausgestellt, dass und wie sein Universalismuskonzept mit einer spezifischen Subjekttheorie verknüpft ist und dass Beides bei Badiou sogar zu einem zusammenhängenden Theoriegebäude gehört. Obgleich oder gerade weil ich eine eigene Gliederung in Badious Argumentation erkannt habe, die sich in der Begründung des Subjekts als Träger des Universalismus in vier Schritte aufgliedert, war meine Analyse deutlich am Ablauf seines Paulusbuchs orientiert.

In diesem Kapitel löse ich mich stärker von seinem Argumentationsgang und beleuchte einige systematische Aspekte des ganzen Paulusbuchs, um ein besseres Verständnis für Badious paulinischen Universalismus zu gewinnen. Zuerst gehe ich der Frage nach, ob Paulus das Subjekt in Badious Theorie ist bzw. in welchem Verhältnis Paulus und das Subjekt zueinander stehen. In anderen Publikationen entwickelt Badiou verschiedene Subjekttypen und Subjektfiguren. Welchem Subjekttyp und welcher Subjektfigur wäre Paulus zuzuordnen? Danach überprüfe ich seine Subjekttheorie auf den Vorwurf hin, ob es sich um einen voluntaristischen Ansatz handelt. Es geht dabei um die Konsistenz seiner Subjekttheorie und damit folglich auch um die Konsistenz seines Universalismuskonzeptes. Schließlich führe ich die Stränge der Subjekt- und der Universalismustheorie wieder zusammen.

Paulus als politisches Subjekt?

Badiou entwickelt in seinem Paulusbuch eine Universalismustheorie, die auf einer Subjekttheorie aufbaut bzw. mit dieser eng verknüpft ist. Dabei stellt sich die Frage, wer Subjekt ist. Ist Paulus das christliche Subjekt? Ist Paulus überhaupt Subjekt? Badiou spricht von einer Teilung des Subjekts, die durch den subjektiven Weg des Fleisches und den des Geistes markiert ist.[1] Die beiden „subjektiven Dispositionen" bedeuten jedoch keine Trennung von Körper und Seele, sondern meinen zwei Lebensmaximen: Die des Fleisches ist auf den Tod hin orientiert, die des Geistes auf das Leben hin. Diese beiden Dispositionen scheinen für Badiou im Subjekt fortzubestehen, denn auch ein Subjekt ist nicht frei von der Disposition des Fleisches. Das Neue am Subjekt liegt in der Teilung, das heißt, dass in eine (menschliche) Existenz das Wissen um zwei unterschiedliche und gegensätzliche Lebensmaximen durch ein Ereignis implementiert wird. Badiou legt jedoch mit Paulus den Schwerpunkt auf die Disposition des Lebens:

> Die Auferstehung ist für Paulus dadurch definiert, dass sich seither *das Schwergewicht des Lebens im Leben befindet*, denn vorher, als das Schwergewicht des Lebens im Gesetz seinen Ort hatte, organisierte es die Subsumtion des Lebens unter den Tod.[2]

Wenn Badiou von der Teilung des Subjekts spricht, ist nicht eindeutig, inwiefern vor dem Subjektsein das Schwergewicht eines Menschen im Tod lag. Es ist anzunehmen, dass das Bewusstsein über diese Lebensmaxime des Fleisches, erst durch ein Ereignis entsteht. Das heißt, dass es erst mit dem aufkommenden Subjekt entwickelt wird. Mit diesem Bewusstsein über die Lebensmaxime des Fleisches bzw. des Todes geht auch das Bewusstsein einher, dass zu dieser Maxime auch die Alternative des Lebens möglich ist.

Mit dem Konzept der Teilung bzw. dem Hervorrufen eines Subjekts durch ein Ereignis, lässt sich ein Subjekt nie absolut mit einem Individuum identifizieren. Paulus ist nicht einfach das christliche Subjekt, sondern wird zu diesem. Das Subjekt erschöpft

1 Ebd. 71 und im dritten Kapitel „Schritt 1: Die Entstehung des Subjekts".

2 Ebd. 78. Hervorhebung im Original.

sich aber auch nicht in Paulus, sondern funktioniert auch über Paulus personell sowie zeitlich hinaus als Akteur. Dieser Aspekt ist dem Paulusbuch jedoch nicht immer eindeutig zu entnehmen. Wenn Badiou Formulierungen verwendet wie: „Wer immer das Subjekt einer Wahrheit ist [...], weiß in der Tat, dass er einen Schatz trägt, [...]“[3], fällt es nicht schwer, ein Subjekt mit einem Individuum zu identifizieren. Diese Identifikation ist jedoch nur dann zulässig, wenn sie nicht als Identität im Sinne einer absoluten Übereinstimmung begriffen wird. Denn offensichtlich ist Paulus in Badious Ansatz vor dem Christusereignis noch kein Subjekt und erst Recht kein christliches: „Das christliche Subjekt existiert nicht vor dem Ereignis, das es verkündet (die Auferstehung Jesu).“[4]

In seinem Buch „Das Sein und das Ereignis“ unterscheidet Badiou vier Subjekttypen: den der Liebe, den der Wissenschaft, den der Kunst und den der Politik.[5] Die vier Typen differieren in den Wahrheiten, die sie erschaffen. Das Subjekt der Liebe (das Liebespaar) erschafft die Wahrheit der Liebe, das Subjekt der Kunst (die Künstlerin) erschafft die Wahrheit eines Kunstwerks, das Subjekt der Wissenschaft erschafft die Wahrheit einer neuen Erkenntnis und das der Politik die Wahrheit einer egalitären Politik, die Badiou auch Kommunismus nennt. Die Subjekttypen differieren auch hinsichtlich ihrer Zusammensetzung. Das Subjekt der Liebe besteht aus zwei Individuen bzw. einem Liebespaar. Die Subjekte der Kunst und der Wissenschaft können individuell wie kollektiv sein und das Subjekt der Politik ist prinzipiell kollektiv.

Zu welchem Subjekttyp ließe sich Paulus zählen? Es ist zu beachten, dass Badiou nicht von einem religiösen Subjekt spricht und er Paulus auch nicht im Feld der „Religion“ verortet.[6] Der Vergleich von Paulus mit Lenin lässt darauf schließen, dass Ba-

3 Ebd. 69.

4 Ebd. 22.

5 Im Folgenden Badiou: SuE, 382-386.

6 Badiou: Paulus, 7.

diou diesen eher als ein Subjekt der Politik denn als ein Subjekt der Liebe, Wissenschaft oder Kunst begreift. Paulus wird dennoch nie explizit als ein Subjekt der Politik bezeichnet. In „Das Sein und das Ereignis“ scheint Paulus auch einen eigenen Status zu besitzen, denn er wird als fünfte Person neben vier anderen Repräsentanten der vier Subjekttypen aufgelistet: „Der Heilige Paulus für die Kirche, Lenin für die Partei, Cantor für die Ontologie, Schönberg für die Musik, aber auch Simon, Bernhard oder Klara, wenn sie sich die Liebe erklären [...].“[7] Es ist möglich, aus dem Zitat zu schließen, dass Paulus nur eingeschränkt als Subjekt der Politik interpretiert werden kann. Dass in dieser Auflistung nicht nur Kollektive, sondern auch Eigennamen vorkommen, liegt in Badious Verständnis von Eigennamen begründet: „Denn der Eigenname stellt zugleich die eingreifende Benennung [eines Ereignisses, P.G.] und die Regel der Treueverknüpfung dar.“[8] In diesem Sinne steht der Eigenname, mit Ausnahme des Liebessubjekts, für ein Kollektiv. Es ist dementsprechend anzunehmen, dass Badiou, wenn er von Paulus im Zusammenhang mit dem christlichen Subjekt spricht, nicht nur den einzelnen Apostel im Blick hat, sondern auch die ganze Kirche. Im Paulusbuch schreibt Badiou sogar explizit, dass Paulus mit Sicherheit kein „Künstler oder Gelehrter oder politischer Revolutionär“[9] sein kann. Der Grund dafür liegt in der Tatsache begründet, dass es sich bei dem Ereignis, auf das Paulus sich bezieht, um eine Fabel handelt und er in Badious Terminologie ein Antiphilosoph ist. Paulus bietet dementsprechend nur strukturell Ähnlichkeiten zu einem politischen Subjekt wie Lenin. Sein genauer Status bleibt letztlich uneindeutig.

Das Subjekt, das in Badious Paulusbuch (und „Das Sein und das Ereignis“) dargelegt wird, entsteht durch ein Ereignis und wird nur so gedacht, dass es sich affirmativ, das heißt „treu“, zum Ereignis verhält. Ist es andererseits auch möglich, dass ein Ereig-

---

7 Badiou: SuE, 441.

8 Ebd. 441.

9 Badiou: Paulus, 132.

nis erkannt, aber abgelehnt werden kann? Würde damit dennoch ein Subjekt konstituiert?

Nach seinem Paulusbuch veröffentlichte Badiou sein zweites bzw. – wenn man den Fokus auf die Weiterentwicklung seiner Subjekttheorie legt – drittes Hauptwerk „Logiken der Welten. Das Sein und das Ereignis 2", in dem er sich dieser Frage widmet. Darin legt er eine Weiterentwicklung seiner bisherigen Subjekttheorie, die auch noch seinem Paulusbuch zu Grunde liegt, vor.[10] In „Logiken der Welten" orientiert er sich weiterhin an den vier *Subjekttypen* (Liebe, Wissenschaft, Kunst, Politik), ergänzt diese jetzt aber um eine Unterscheidung zwischen drei *Subjektfiguren*: Das treue Subjekt, das reaktive Subjekt und das dunkle Subjekt. Die vier Subjekttypen aus Badious früherer Subjekttheorie verhalten sich formal alle gleich gegenüber einem Ereignis, indem sie ihre Treue organisieren. Die drei subjektiven Figuren in „Logiken der Welten" differenzieren diesen Aspekt. Sie stellen unterschiedliche Weisen von Konsequenzen, die sich aus einem Ereignis ergeben, dar. Das treue Subjekt verhält sich, wie im Falle des Paulus, affirmativ zum Ereignis und dem damit verknüpften universalen und egalitären Anspruch. Es bejaht das Neue, die neue Wahrheit, die mit einem Ereignis beginnt. Das reaktive Subjekt erkennt zwar auch das Ereignis und seine Wahrheit, aber „weigert sich kategorisch, sich ihr zu inkorporieren"[11]. Das reaktive Subjekt ist jedoch keine Negation des Ereignisses und seiner Wahrheit, sondern sein Widerstand. Das dunkle Subjekt bedeutet schließlich die Negation des Ereignisses. Es versucht das Neue des Ereignisses zu bekämpfen. Badiou nennt das dunkle Subjekt auch faschistisch. „[D]as angemessene Wort ist *Faschismus*, in einem weiteren Sinn als dem der dreißiger Jahre."[12] Die Differenzierung, die Badiou hinsichtlich des Subjekts im Verhältnis zum Ereignis liefert, kann jetzt adäquater geschichtliche Erfahrungen fassen. Sie ermöglicht

10 Badiou: LdW, 61-97. Vgl. auch Pluth: Badiou, 127-153.

11 Badiou: LdW, 72.

12 Ebd. 91. Hervorhebung im Original.

es, die Handlungen derjenigen, die das Ereignis nicht bejahen und ihre Treue zum Ereignis organisieren, genauer in den Blick zu nehmen. In seinem Paulusbuch ist es noch nicht möglich, die Handlungen derjenigen, die das Christusereignis und seine Wahrheit nicht mittragen, zu erfassen. Es sei darauf hingewiesen, dass die Differenzierung der drei Subjektfiguren (1. treu, 2. reaktiv, 3. dunkel) aus theologischer Perspektive differenziert werden müsste, damit sie nicht unbewusst oder bewusst antijüdische Ressentiments begünstigt. Schließlich wurden die Juden immer wieder beschuldigt, dass Christusereignis abgelehnt zu haben.

Entscheidung und Voluntarismus

Wenn das Subjekt Träger des Universalen ist, hängt die Theorie des Universalismus auch von der Konsistenz des Subjektbegriffs ab. Im vorigen Unterkapitel wurde bereits auf die Schwierigkeit des Badiou'schen Subjektverständnisses vor seinem Buch „Logiken der Welten" eingegangen, da es nur den Typus des treuen Subjekts umfasst und andere Umgangsweisen mit dem Ereignis nicht ausreichend erfasst. Dieses Problem hat Badiou zwar in seinem späteren Werk „Logiken der Welten" ausführlich behandelt. Für sein Paulusbuch sollte dieses Problem jedoch noch wahrgenommen und benannt werden.

Wie ein Subjekt im Sinne Badious entsteht, habe ich bereits dargelegt. Es geschieht ein Ereignis, das reiner (Neu-)Beginn ist. Dieses Ereignis bringt ein Subjekt hervor, welches sich zu seinem Gründungsmoment treu (und in „Logiken der Welten" auch reaktiv oder verdunkelnd) verhalten kann. Doch agiert das Subjekt gegenüber dem Ereignis nicht passiv, denn es muss dieses Ereignis auch erkennen und als solches benennen. Genauer: Erst im Moment des Erkennens und Benennens beginnt das Subjekt. Das heißt, dass bezüglich des Ereignisses im Subjekt eine Entscheidung stattgefunden hat. Es geschehen demnach nicht einfach Ereignisse, die Individuen widerfahren können oder nicht, sondern das Ereignis und das Individuum oder Kollektiv, das zum Subjekt wird, sind voneinander abhängig. Badiou weist immer wieder darauf hin, dass Ereignisse sowie Subjekte selten sind, denn schließlich beginnt mit ihnen gegen die bestehende Verfassung der Situation (Staat, Status, Zustand) etwas Neues.[13] Doch führt das nicht zu einem Voluntarismus? Ist ein Ereignis in Badious Konzeption nicht von der Beliebigkeit einer Entscheidung abhängig? Inwiefern wären solche Entscheidungen, die etwas Neues anbrechen lassen, in gegebenen gesellschaftlichen Verhältnissen überhaupt möglich? Schließlich werden in einer Gesellschaft, vor allem in einer, die durch ein hohes Maß an Interaktion (z.B. hochdifferenzierte Arbeitsteilung) geprägt ist, Entscheidungen zu großen Teilen präfiguriert. Sie lassen sich nicht von den gesellschaftlichen Bedingungen lösen. So vermutet Robert Kurz, dass das Konzept der Entscheidung von einer kapitalistischen und damit krisenhaften Gesellschaft geprägt ist.[14] Das Bedürfnis nach Entscheidung entspringe der Unsicherheit in Krisenzeiten. Eine Theorie, die unreflektiert Krisenreaktionen (Entscheidungen) zu einem Konzept entwickelt, könne, so Kurz, kein kritisches Potential gegenüber dem Kapitalismus und seinen Denkformen entfalten, sondern sie verhindere Kritik durch eine theologisierte Sprache.

Kurz führt diese Kritik an Badiou und anderen zwar nicht aus, dennoch sollte seine Vermutung überprüft werden. Eine Kritik dieser Art am Konzept der Entscheidung wird nicht nur von Kurz geäußert, sondern taucht bereits in der Kritik von Vertretern der Politischen Theologie an Rudolf Bultmanns Theologie und von Theodor W. Adorno an der Philosophie Heideggers und Jaspers' auf.[15] Ein Rückgriff auf diesen theoretischen Traditionsstrang bietet sich an, um die Problematik des Begriffs der Entscheidung

13 Badiou: SuE, 439.

14 Kurz, Robert: Weltkrise und Ignoranz. Kapitalismus im Niedergang. Ausgewählte Schriften, herausgegeben von Scholz, Roswitha/Ortlieb, Claus Peter, Berlin 2013, 170. Vgl. Geitzhaus: Wiederkehr. Sowie im zweiten Kapitel „Wende zur Religion?".

deutlicher zu verstehen. Da ich Badious Paulusbuch in dieser Arbeit anhand der Politischen Theologie diskutiere, halte ich es für passend, ihre Auseinandersetzung um diesen Begriff hier knapp aufzugreifen, um mögliche Missverständnisse in diesem Zusammenhang zu vermeiden.

Bultmann entwickelt das Konzept einer präsentischen Eschatologie. Mit dem Konzept konstatiert Bultmann, dass Rettung nicht etwas sei, was für die Zukunft erwartet werden müsse und dementsprechend noch ausstünde. Rettung geschehe vielmehr im Glaubensvollzug, der einen individuellen bzw. persönlichen Entscheidungsakt beinhalte. José Antonio Zamora pointiert in seiner kritischen Auseinandersetzung mit Bultmann diese Position: „Wer glaubt, der ist *schon* gerettet."[16] Die Rettung werde aber nicht von der Entscheidung des Einzelnen initiiert, sondern Rettung ist Gnade Gottes, die wiederum „unverfügbares *Ereignis*"[17] sei. Die individuelle Entscheidung vollziehe sich in Bultmanns Konzept losgelöst von der Weltgeschichte, so Zamoras Kritik. Der Geschichte werde die Geschichtlichkeit gegenüber gestellt, die die existentielle Möglichkeitsbedingung des Menschen meine. Doch die Geschichtlichkeit bedeute letztendlich eine „Individualisierung von Geschichte", in der „die Frage nach der Gerechtigkeit in der Geschichte, eine Frage, die die apokalyptische Eschatologie beseelt, zum Schweigen gebracht"[18] werde. Welt und Geschichte bedeutete für Bultmann „Vorläufigkeit und Tod"[19] und seien somit durch einen krisenhaften Charakter geprägt. Doch der glaubende und sich entscheidende Mensch stehe über dieser Geschichte.

15 Zamora, José Antonio: Krise, Kritik, Erinnerung. Ein politisch-theologischer Versuch über das Denken Adornos im Horizont der Krise der Moderne, Münster-Hamburg 1995, 340-344. Zitiert als Zamora: Krise. Vgl. auch grundlegend Metz, Johann Baptist: Zur Theologie der Welt, Mainz-München ²1969. Zitiert als Metz: Zur Theologie.

16 Zamora: Krise, 342. Hervorhebung im Original.

17 Ebd. 341. Hervorhebung im Original.

18 Ebd. 344.

19 Ebd. 344.

Theodor W. Adorno, auf den sich Zamora bezieht, nennt die Sprache, die auf Begriffen wie Entscheidung, aber auch „Auftrag, Anruf, Begegnung, echtes Gespräch, Aussage, Anliegen, Bindung“[20] aufbaut, einen Jargon. Jargon meint eine Sprache, die Worte mit einer „Aura“, einem bestimmten „Tonfall“ ausstatte, um ihnen auf diese Weise Gewicht zu verleihen.[21] Ähnlich wie Kurz führt Adorno diesen Jargon als (unbewusste) Reaktion auf die Krisenverhältnisse der kapitalistischen Gesellschaft zurück:

> Durchweg schmuggelt die Logik des Jargons Beschränktes, schließlich materielle Mangelsituationen als Positivität ein und wirbt für ihre Verewigung in dem Augenblick, in dem, nach dem Stand der menschlichen Kräfte, solche Beschränkung real nicht mehr sein müsste.[22]

Die vom Kapitalismus erzeugten Mangelsituationen werden deshalb von Adorno als geschichtlich gewordene begriffen und nicht als weltliche und ungeschichtliche Grundkonstanten.

Auf Grund der langen Tradition der Kritik an Konzepten, die sich als Krisenaffirmationen aufdecken lassen, von Adorno über Metz und Zamora hin zu Kurz sollte Badious Ereignis- und Subjektkonzeption beleuchtet werden. Inwiefern ist Badious Ereignis von einer Entscheidung abhängig? Ist die Entscheidung und damit auch das Ereignis ein Kriseneffekt?

Ed Pluth weist darauf hin, dass Badiou Entscheidung und Ereignis formal trenne.[23] Das bedeutet, dass zwar eine Entscheidung (und Benennung) notwendig ist, um ein Ereignis als solches zu erkennen, das Ereignis aber auch einen eigenständigen Charakter besitzt. Ohne eine Entscheidung und Benennung wird ein Ereig-

20 Adorno: Theodor W.: Jargon der Eigentlichkeit, in: Gesammelte Schriften Bd. 6, herausgegeben von Rolf Tiedemann u.a. Frankfurt am Main ^{7}2015, 417. Zitiert als Adorno: Jargon.

21 Adorno: Jargon, 418 f.

22 Ebd. 430.

23 Pluth: Badiou, 113-116.

nis jedoch nicht präsentiert und kann somit auch nicht erkannt werden. Pluth spricht deshalb von einer

> Verdoppelung des Ereignisses [...]: Es gibt das Ereignis selbst, das niemals präsentiert und immer verschwunden oder subtrahiert ist, und dann gibt es die *Benennung* des Ereignisses, die wie die Wiederholung des Ereignisses ist, nur diesmal eine Wiederholung des Ereignisses für die Situation oder innerhalb der Situation [...][24].

Es sei daran erinnert, dass ein Ereignis für Badiou kein Spektakel darstellt, sondern der Beginn von etwas Neuem ist. Damit ist die Schwierigkeit verknüpft, dass der Beginn von etwas Neuem noch nichts Realisiertes ist. Wie lässt sich sagen, dass etwas Neues beginnt? Badiou weist darauf hin, dass sich die Neuheit erst im Nachhinein als solche erweist und es sich bis dahin um eine Wette handelt, wenn man sich für das Ereignis entscheidet. Deshalb gehören Entscheidung und Treue zusammen. Treue meint aber keinen Geisteszustand, sondern eine Operation, eine Praxis. Es ist die Operation, mit der in einer Situation das hervorgehoben wird, was von einem Ereignis betroffen ist.

> In Badious Philosophie verlangt Treue eine Reihe von Entscheidungen über die Elemente der betreffenden Situation, wobei bei jedem davon gefragt wird, ob es durch das Ereignis verändert worden ist oder nicht.[25]

Badiou versucht so die Kontinuität und innere Kohärenz von Entscheidungen zu betonen und sie von Beliebigkeiten zu unterscheiden. Es handelt sich beim Treffen von Entscheidungen auch nicht um menschliche Grundkonstanten, wie sie Adorno an der Philosophie Heideggers oder Jaspers' kritisiert, sondern – im Gegenteil – um spezifische und seltene Momente. Badiou konzentriert sich „darauf, wie Praktiken fortgesetzt werden können, bei denen nicht klar ist, ob wir sie fortsetzen wollen“[26], wie Pluth formuliert.

24 Ebd. 116. Hervorhebung im Original.

25 Ebd. 119.

26 Ebd. 218.

Er kommt zu dem Ergebnis, dass Badious Philosophie zur „Dauerhaftigkeit des Neuen“[27] ermutigen will. Dieser Einschätzung entspricht auch die Darstellung des Paulus von Badiou. Er wird nicht als eine Person präsentiert, die immer wieder vor der Herausforderung steht, sich entscheiden zu müssen, sondern als jemand, der seiner Entscheidung für das Christusereignis konsequent und kohärent Gestalt gibt. Materialiter drückt sich das beispielsweise in der Gründung und Begleitung von Gemeinden aus.

Mit diesem Verständnis von Ereignis, Entscheidung und Treue ist der Vorwurf, dass es sich bei diesen Entscheidungen lediglich um einen Kriseneffekt handle, auf Grund der Betonung der Kohärenz und Dauerhaftigkeit relativiert. Badiou spricht deshalb keinen Beliebigkeiten, keiner Willkür, das Wort. Mit seiner expliziten formalen Trennung des Ereignisses und der Entscheidung für das Ereignis, macht er deutlich, dass eine bloße Entscheidung für die Realität eines Ereignisses nicht ausreicht. Praktisch bringt dieser Ansatz wiederum Grenzen mit sich, da sich ein Ereignis nicht anders präsentieren kann als über seine Benennung und sich immer erst im Nachhinein seine Richtigkeit erweisen kann. Badious Theorie müsste deshalb weniger als Affirmation von Ereignissen verstanden werden, denn als theoretisches Hilfsmittel, das dazu dient, dass Ereignisse überhaupt erkannt werden können und zu bewerten, welche Relevanz ihnen zukommen könnte.

Der Vorwurf lässt sich noch weiter entkräften, wenn daran erinnert wird, dass Badious Ereignisse und die damit verbundenen Entscheidungen immer eine bestimmte Struktur aufweisen. Mit Ausnahme der Ereignisse im Bereich der Liebe sind sie immer auf prinzipiell alle Menschen ausgerichtet. Sie besitzen eine Universalität qua Adressierung und beinhalten einen Gleichheitsanspruch. Das Badiousche Subjekt ist dementsprechend nicht als Kriseneffekt aufzufassen, sondern als Agent eines egalitären, egalisierenden und prinzipiell universalen Prozesses. Dieses Subjekt ist je-

27 Ebd. 219.

doch selten, da die Subjekt erzeugenden Ereignisse selten sind. Paulus stellt für Badiou einen Prototypen dieses Subjekts dar, auch wenn er die wesentlichen Inhalte (Auferstehung Christi), auf die Paulus sich bezieht, nicht teilt.

„Wahrer“ versus „falscher“ Universalismus

Ich habe im vorherigen Kapitel aufgezeigt, dass das Subjekt bei Badiou als Träger des Universalismus fungiert. Paulus und die Kirche sind im Paulusbuch mit einigen Eigenschaften des Subjekts der Politik, im Unterschied zum Subjekt der Liebe, der Wissenschaft oder der Kunst, ausgestattet, auch wenn sie nicht im engen Sinne zu diesem Subjekttyp zu zählen sind. Es handelt sich um ein kollektives Subjekt, obwohl Paulus das Zentrum seiner Analyse ausmacht. Auch habe ich aufgezeigt, dass die Theorie des Universalismus bei Badiou von einer Theorie des Subjekts abhängt, weshalb letztere in seinem Paulusbuch auch sehr ausführlich thematisiert wird. Es ist sogar möglich, sein Buch als eigenen Beitrag zu seiner Subjekttheorie zu lesen. Dennoch: Badious Paulusbuch ist auf die Begründung eines spezifischen Universalismusverständnisses hin ausgerichtet, was der Untertitel und die letzten beiden Kapitel seines Buchs deutlich belegen.

Der Untertitel „Die Begründung des Universalismus“ ist allerdings eine kleine Übertreibung, was Badiou selbst einräumt. Universalismuskonzepte gab es bereits lange vor Paulus, weshalb dieser nicht sein Begründer sein kann.

> Der wahre Universalismus ist bereits ganz und gar in diesem oder jenem Theorem des Archimedes, in bestimmten politischen Praktiken der Griechen, in einer Tragödie des Sophokles oder in der Liebesintensität enthalten, von der die Gedichte der Sappho Zeugnis ablegen.[28]

28 Badiou: Paulus, 131.

Und schon im ersten Testament der Bibel seien universalistische Ansätze zu erkennen. Doch Badiou geht es um ein bestimmtes Universalismusverständnis, dessen Gründer er in Paulus sieht. Es handelt sich nämlich um einen Universalismus, der dem Partikularismus nicht entgegensteht, sondern diesen durchdringt. Das bedeutet, dass eine partikulare Identität Empfangsbedingung für eine universale Botschaft ist, die mit dem Empfang dieser Botschaft aber obsolet wird und aufgegeben werden muss. Badiou formuliert:

> Paulus' eigentümliches Verdienst besteht darin, gezeigt zu haben, dass es Treue zu solch einem Ereignis nur in der Aufkündigung der kommunitären Partikularismen und der Bestimmung eines Wahrheitssubjekts geben kann, das zwischen dem Einen und dem „Für alle" keinen Unterschied macht.[29]

Unter „solch einem Ereignis" versteht Badiou eines, das zwar gegenüber dem Bestehenden (Status quo, *État*) neu und damit nicht seinen Gesetzen unterworfen ist, aber dennoch im Bestehenden geschieht. Wenn Badiou von einer „Aufkündigung der kommunitären Partikularismen" spricht, muss bedacht werden, dass auch für ihn klar ist, dass Paulus sich beispielsweise als römischer Bürger versteht. Diese partikulare Identität des Paulus verliert ihre Bedeutung, verschwindet aber nicht gänzlich. Entscheidend ist nicht das, was verschwindet, sondern das, woraufhin sich die Treue des Subjekts ausrichtet. Und: Das Neue des Ereignisses ist nicht an die Identitäten gebunden, obwohl es sich an sie richtet. Das Ereignis ist voraussetzungslos. Badious Aussagen gegenüber den partikularen Identitäten sind dementsprechend nicht ganz eindeutig, da sie zwischen „Aufkündigung", „Gleichgültigkeit" und „obsolet werden" mäandern. Eindeutig ist hingegen, dass die Identitäten keine dominante Funktion erhalten bzw. behalten (können). Deshalb ist Ed Pluth zuzustimmen, wenn er schreibt:

29 Ebd. 131.

> Indem er [Badiou, P.G.] den Unterschieden eine alltägliche ontologische Qualität verleiht, ist Badiou in der Lage zu argumentieren, dass Unterschiede und Identitäten von einer Wahrheitsprozedur nicht zerstört werden müssen. Sie können in einer gleichgültigen, uninteressanten Weise fortbestehen. In jedem Fall sind sie nicht wichtig.[30]

Pluth schließt daraus, dass sich dieses Universalismusverständnis gegen jede Identitätspolitik richte.

Dieser Universalismus der Adresse („Für alle") ist nicht der einzige, den Badiou in seinem Paulusbuch untersucht. Badiou stellt dementsprechend den Universalismus nicht nur dem Partikularismus gegenüber, sondern differenziert auch zwischen unterschiedlichen Universalismen. Im Paulusbuch wird wenigstens zwischen dem „falschen" bzw. „leeren"[31] Universalismus und dem, in welchem sich eine Wahrheit universalisiert[32], unterschieden. Die falsche bzw. leere Universalität ist für Badiou die „monetäre Abstraktion"[33], die sich mittlerweile im Weltmarkt materialisiert hat. Doch diese nimmt auf keine anderen Singularitäten Rücksicht, sondern macht jede partikulare Identität bzw. Differenz zählbar. Gegen diesen Universalismus des Kapitals sowie gegen die kulturalistische Negation jedes Universalismus wendet sich Badiou mit seinem Paulusbuch. Sein Universalismus der Adresse bzw. sein Universalismus der Singularität soll ein Gegenkonzept darstellen. Der Begriff des Universalismus der Singularität versteht sich von der Tatsache her, dass eine Universalität immer ein Subjekt als Träger bedarf. Die wahre Universalität existiert somit nicht bloß als Idee, sondern materialisiert sich in der Singularität

30 Pluth: Badiou, 202. Pluth weist an dieser Stelle auch darauf hin, dass Badiou mit Begriffen, wie „Aufkündigung", „Gleichgültigkeit" und „obsolet werden" von seiner früheren Theorie der Zerstörung aus „Theorie des Subjekts" abrückt.

31 Badiou: Paulus, 13 f.

32 Ebd. 18.

33 Ebd. 13.

eines Subjekts[34], in seiner Praxis und seiner Institution. Wenn ein Subjekt von Badiou als treu gegenüber dem Ereignis definiert wird, impliziert das, dass ein Subjekt auch treu gegenüber der Adresse des „Für alle" sein muss: „Das Denken ist nur dann universal, wenn es sich an alle anderen wendet, und in dieser Adresse verwirklicht es sich als Macht."[35]

Das Konzept eines Universalismus der Singularität und der Adresse ist notwendig auf die Zustimmung in Form einer Entscheidung seiner AdressatInnen angewiesen. Partikulare Identitäten werden also nicht unmittelbar unter eine universale Idee subsumiert. Wobei die Ablehnung einer universalen Idee im Badiouschen Sinn, auch die Ablehnung von Egalität impliziert und umgekehrt: Die Zustimmung zu einer universalen Idee bedeutet vor allem die Zustimmung zur Gleichheit. Obgleich Badiou sehr viel über Politik schreibt und seit Jahrzehnten politisch organisiert und engagiert ist, gibt er nur eine minimale Programmatik für seine politischen Ideen, was ihm mitunter den Vorwurf einbringt, eher ethisch als politisch zu argumentieren, da seine Ideen kaum gesellschaftliche Relevanz entfalteten. So stellt Michael Hirsch fest, dass es Badiou „mehr um die Veränderung der Menschen als um die Veränderung der Welt"[36] gehe und er damit von einem Primat des Ethischen ausgehe. Michael Hirsch übersieht jedoch, dass Badious Fokussierung auf das Subjekt gerade die Analyse der Möglichkeitsbedingungen von politischen Akteuren bedeutet, ohne die selbstverständlich keine Politik denkbar wäre. Hirsch erkennt aber richtigerweise, dass Badiou mit seiner Weigerung, die Realisierung von Gleichheit – und an Paulus anknüpfend, die

34 Auf die Bedeutungsmöglichkeiten des Begriffs der Singularität im Paulusbuch bin ich im dritten Kapitel „Schritt 4: Das Subjekt und der Universalismus" eingegangen.

35 Ebd. 133.

36 Hirsch, Michael: Das Axiom der Egalität und die elitäre Verselbständigung der Politik. Über Politik und Ethik bei Alain Badiou, in: Knipp, Jens/Meier, Frank (Hg.): Treue zur Wahrheit. Die Begründung der Philosophie Alain Badious, Münster 2010, 63-84, hier 67. Zitiert als Hirsch: Egalität.

Realisierung von Heil – zu denken, seine politische Spitze einbüßt.[37] Der Aspekt der Realisierung würde notwendigerweise eine Zeitlichkeit in Badious Denken einführen, die sich in der Frage nach dem „Wann?“ der Realisierung von Gleichheit und Heil ausdrückte. In diesem Sinne könnte Badious bereits zitierte Formulierung, dass die Produktion von Gleichheit und die gedankliche Außerkraftsetzung von Differenzen die materiellen Zeichen des Universalen seien, ergänzt werden:[38] Die Realisierung von Gleichheit und die gedankliche Außerkraftsetzung von Differenzen bedeuten die Materialisierung des Universalen.

Wenn der Universalismus der Singularität und der Adresse von Paulus erfunden wurde, lässt sich von einem paulinischen Universalismus sprechen, der sich von anderen Formen des Universalismus unterscheidet. Badious Ansatz des paulinischen Universalismus zeichnet sich dadurch aus, dass er keinen bloßen Gegensatz von Universalismus und Partikularismus behauptet und damit partikulare Identitäten leugnen oder gar unterdrücken will, sondern eine Vermittlung beider Positionen darstellt. Immer wieder wendet sich Badiou gegen die von ihm bezeichnete „falsche Universalität“, die Singularitäten, d.h. Besonderheiten unterdrückt. Dennoch liegt sein Schwerpunkt auf der Proklamation der Gleichheit, die ihn immer wieder betonen lässt, dass die partikularen Identitäten bzw. Differenzen zu Gunsten des Universalen aufgekündigt werden müssen. Die Affirmation eines so verstandenen Universalismus bedeutet nichts weniger als die Aussage, dass egalitäre Politik für alle und damit auch gemeinsame Politik möglich ist.[39]

37 Hirsch: Egalität, 71.

38 Badiou: Paulus, 133.

39 Vgl. Badiou: Metapolitik, 151-162.

5. Badiou und die Politische Theologie

Das Konzept des Paulinischen Universalismus und die Funktion Paulus‘ in Badious Buch wurde in den Kapiteln 3 und 4 von mir ausführlich dargestellt. Ich habe gezeigt, dass der Paulinische Universalismus sich bei Badiou dadurch auszeichnet, dass er als Universalität der Singularität bzw. als singuläre Universalität etwas Besonderes als für alle Menschen gültig und relevant erklärt. Die Adressierung „Für alle“ bedeutet in diesem Konzept die Universalität. Das Christusereignis, die Auferstehung Christi, ist strukturell betrachtet an alle Menschen gerichtet und lässt so alle Menschen prinzipiell zu Gleichen werden. Die jeweiligen Besonderheiten der Menschen, sei es die nationale oder die religiöse Identität, verlieren angesichts des Christusereignisses ihre bis dahin dominierende Kraft und werden obsolet, was Badiou paulinisch in Gal 3,28 paradigmatisch formuliert sieht.

Badious Anspruch ist es nicht, mit seinem Paulusbuch einen Beitrag zur Theologie zu liefern, sondern eine philosophische Debatte darüber anzuregen, wie man theoretisch Nationalismus, Kulturalismus und Kapitalismus begegnen kann und wofür die Kategorien des Universalismus und des Subjekts stark gemacht werden. Mein Interesse besteht nun darin, zu erörtern, inwiefern Badious Paulusbuch dennoch einen Beitrag zur Theologie leisten kann bzw. wie Badious philosophische Paulusrezeption zu einem besseren Verständnis theologischer Fragen und Auseinandersetzungen verhelfen kann. Dazu werde ich vier Bereiche diskutieren, die auf unterschiedlichen Ebenen liegen.

1. Die christliche Verortung in globalisierter Gesellschaft. Welche Relevanz kommt der Kategorie des Universalismus im christlichen Selbstverständnis und Selbstvollzug in einer pluralen und globalisierten Gesellschaft zu? 2. Das Verständnis von Apokalyptik. Wie lässt sich ein theologisches Verständnis von Apokalyptik

bzw. Apokalypse mit Badious Subjekt- und Ereignistheorie beleuchten? Ist Apokalypse als Ereignis denkbar? 3. Das Scheitern von Subjekten. Welches Instrumentarium bietet Badiou an, um mit Scheitern umzugehen? 4. Das Verhältnis von Theologie und Praxis. Welche Funktion kommt der Theologie in der gegenwärtigen Gesellschaft zu?

Mitleid, Universalismus, Globalisierung

Die Kategorie des Universalismus bzw. die Diskussion um Universalismus und Partikularismus spielt nicht nur seit einigen Jahren in der politischen Philosophie eine bedeutende Rolle, sondern auch in der Politischen Theologie von und im Anschluss an Johann Baptist Metz und in anderen Theologien, die sich als politisch begreifen, wie beispielsweise in der Befreiungstheologie und Teilen der Postkolonialen Theologie.

Johann Baptist Metz entwickelte seit den 1990er Jahren ein sogenanntes „Weltprogramm des Christentums im Pluralismus der Religionen und Kulturen", das 2006 in seinem Buch „Memoria Passionis" umfangreich veröffentlicht wurde.[1] Metz setzt sich dort mit dem Phänomen der Globalisierung und der damit einhergehenden faktischen Pluralisierung der Religionen und Kulturen auseinander. Er fragt, was dieser Prozess für das Christentum und seinen Geltungsanspruch sowie den der anderen Religionen und Kulturen bedeutet. Seiner Einschätzung zufolge, setzen viele auf den Dialog der Religionen, da dieser Toleranz hervorbringt. Metz fragt, ob es aber nicht auch Grenzen von Toleranz geben kann und ob es nicht Kriterien für einen Dialog der Religionen geben kann und muss. Der Dialog der Religionen dürfte für Metz eine unkritische Übernahme des faktischen Pluralismus der Religionen für das jeweilige eigene Selbstverständnis bedeuten. Doch statt

1 Metz, Johann Baptist: Memoria Passionis. Ein provozierendes Gedächtnis in pluralistischer Gesellschaft. In Zusammenarbeit mit Johann Reikerstorfer, Freiburg im Breisgau ^{3}2006, 158-214. Zitiert als Metz: Memoria.

diesen faktischen Pluralismus automatisch auf das eigene christliche Selbstverständnis zu übertragen, sucht Metz nach Kriterien für einen verantworteten universalen Geltungsanspruch des Christentums. Der universale Geltungsanspruch ist für Metz mit dem „monotheistischen ‚Prinzip'"[2] verknüpft. Er formuliert die These: „Gott ist entweder ein Menschheitsthema oder überhaupt kein Thema."[3] Doch will er seinen Vorschlag eines Weltprogramms von einem machtpolitischen Monotheismus abgrenzen und entwirft das Konzept eines „‚reflexiven Monotheismus'", der sich durch seine „leidempfindliche Gottesrede"[4] auszeichnet. Reflexiv ist er, da er eine „Figur der ‚biblischen Aufklärung'"[5] ist, die das Bilderverbot als Mythenkritik eingeführt hat und die Theodizeefrage als offene Frage bis heute tradiert. Es handelt sich deshalb, so Metz, um eine

> Gottesrede, die sich nur über die Leidensfrage, über die memoria passionis, über das Eingedenken des Leids, insbesondere des Leids der Anderen – bis hin zum Leid der Feinde – ihres universellen Anspruchs vergewissern kann.[6]

Diese Leidempfindlichkeit – Metz verwendet dafür den Terminus „Compassion"[7] – ist notwendig herrschaftskritisch und führt zu einer an der Bedürftigkeit orientierten Weltverantwortung. Diese Weltverantwortung ist jedoch nicht jenseits eines Pluralismus anzusiedeln, sondern beinhaltet Kriterien für den faktischen Pluralismus der Religionen in der globalisierten Welt, denn die zentrale Kategorie der Compassion bzw. des Mitleids ist keine auf das Christentum begrenzte, sondern sie wird vielmehr vom Christentum mit einem universalen Geltungsanspruch aufgewertet. Im so

2 Metz: Memoria, 160.
3 Ebd. 160.
4 Ebd. 162.
5 Ebd. 162.
6 Ebd. 162.
7 Andere Vertreter der Politischen Theologie wie Michael Ramminger haben den Begriff des Mitleids beibehalten. Ramminger: Mitleid.

verstandenen Christentum wird der Monotheismus, die Gottesrede, als an die Compassion gebundener bzw. gebundene interpretiert. Metz betont jedoch auch, dass die Compassion und die damit einhergehende „Autorität der Leidenden“ „weder hermeneutisch noch diskursiv gesichert werden“[8] kann. Das bedeutet, dass zwischen dem Begriff des Leids und dem tatsächlichen Leid als somatischer Dimension unterschieden werden muss. Letzteres lässt sich begrifflich und damit auch theologisch bzw. theoretisch nie einholen. Es bleibt immer eine Nicht-Identität menschlicher Leidensgeschichten.[9] Compassion besitzt dementsprechend eine praktische Grundstruktur. Sie vermittelt deshalb auch die Möglichkeit der Allianzen derjenigen, die die Leidensgeschichten der Menschen erzählen, erinnern und die Ursachen für ungerechtes Leid überwinden wollen. Erzählen, Erinnern und Solidarität (als die Überwindung der Ursachen von ungerechtem Leid) gehören für Metz deshalb auch zu den zentralen Charakteristika einer leidempfindlichen Praxis.[10]

Neben Metz entwickelte sich zur gleichen Zeit seitens der Postkolonialen Theologie gegenüber der Theologie der Befreiung

8 Metz: Memoria Passionis, 173.

9 Metz, Johann Baptist: Glaube in Geschichte und Gesellschaft. Studien zu einer praktischen Fundamentaltheologie, Mainz ^{2}1978, 104-119, hier 118. Zitiert als Metz: Glaube. Sowie Zamora: Krise, 429-464.

10 Vgl. die entsprechenden Kapitel in Metz: Glaube, 161-211. Und Julia Lis: „In einer Welt, in der neoliberale Subjektivierungsprozesse täglich vorangetrieben werden und Bildungseinrichtungen, Kulturindustrie und gesellschaftliche Institutionen dazu beitragen, bleiben die Möglichkeiten solidarischer Subjektwerdung notwendig umkämpft. Umso mehr gilt es dennoch am Kampf darum, dass Menschen Subjekte bleiben und werden sollen festzuhalten, um die Grundkategorien der Erinnerung, Solidarität und Gerechtigkeit, an die das Humane gebunden bleibt nicht aufzugeben.“ Lis, Julia: Subjektwerdung unter neoliberalen Bedingungen, in: Janßen, Hans-Gerd/Prinz, Julia D. E./Rainer, Michael J.: Theologie in gefährdeter Zeit. Stichworte von nahen und fernen Weggefährten für Johann Baptist Metz zum 90. Geburtstag, Münster 2018, 288. Auch: Geitzhaus/Lis: Ambivalente Subjekte, 167-169.

sowie innerhalb letzterer[11] eine deutliche Skepsis gegenüber Universalismus-Konzepten. Grund dafür war nicht nur die umfangreichen Veränderungen seit 1989 auf politischer, ökonomischer, theoretischer und ideologischer Ebene, die in Kapitel 2 thematisiert wurden, sondern auch die kritische Erinnerung an 500 Jahre Eroberung Lateinamerikas im Jahr 1992. Michael Ramminger kommt zu dem Schluss, dass beide historischen Momente letztlich zu einer Neuinterpretation der Theologie der Befreiung geführt haben, die sich vor allem in der Veränderung ihrer Methodik ausdrückte und bis heute ausdrückt. Ramminger konstatiert:

> Diese Verschiebung [in der Methodik der Befreiungstheologie, P. G.] lässt sich beschreiben als die Resignation vor der Aufgabe eines umfassenden Weltverständnisses, d.h. der Resignation vor der Aufgabe der Suche nach einer die unterschiedlichsten gesellschaftlichen Widersprüche insgesamt begreifenden Gesellschaftsanalyse.[12]

Ramminger, der sich auch auf die Arbeiten von Kuno Füssel bezieht, steht dieser Verschiebung skeptisch gegenüber und bestätigt mit der These nach der Aufgabe eines umfassenden Weltverständnisses Füssels Diagnose zum Postmodernismus von 1993.[13] Ramminger kritisiert, dass postkoloniale und neuere befreiungs-

11 Die Theologie der Befreiung und die Postkoloniale Theologie zähle ich in diesem Kapitel trotz teilweise großer Unterschiede als weitere Ausprägungen politischer Theologien. Grundsätzlich halte ich es jedoch für sinnvoll, verschiedene Ausprägungen politischer Theologien zu differenzieren und die inhaltliche Besonderheit der Politischen Theologie von und im Anschluss an Metz immer wieder zu klären. Ich schlage deshalb vor, die Politische Theologie von und im Anschluss an Metz als (staats-)kritische Theologie, die sich in der Auseinandersetzung mit Karl Marx und der Kritischen Theorie der Frankfurter Schule entwickelt hat, zu begreifen. Vgl. Geitzhaus, Philipp: Karl Marx grüßt die Politische Theologie. Zur Kritik der neuesten politischen Theologie, in: Ethik und Gesellschaft 1/2018 „... auf den Schultern von Karl Marx“. Online verfügbar unter http://www.ethik-und-gesellschaft.de/ojs/index.php/eug/article/view/1-2018-art-8/554. Zitiert als Geitzhaus: Karl Marx.

12 Ramminger: Universalität, 99.

13 Vgl. das Kapitel „Zum Begriff der Postmoderne“ in diesem Buch.

theologische Ansätze jedem universalen Anspruch mit einem Totalitarismus- und Gewaltverdacht begegnen. Der Vorwurf differenziert keine Universalismus- und Partikularismuskonzepte. Denn das Problem liegt nicht im Gegensatz von Universalismus und Partikularismus, sondern im jeweiligen Geltungsnachweis. Ihm geht es dabei nicht um einen „Universalismus der Einheit, der Vereinheitlichung und der Negation der Widersprüche“, sondern um das Festhalten an der Möglichkeit, „gültige und verbindliche Normen für alle entwickeln und behaupten zu können, die die Interessen und Bedürfnisse unterschiedlicher Traditionen, Kulturen, Geschlechter etc. in sich aufnehmen“[14]. Ein so verstandener Universalismus ist kein abstrakter und notwendig herrschaftsförmiger, sondern ein konkreter, der sich als „Politik des Universalen“ und als „konkreter Humanismus“ praktisch ausdrückt.[15] Die Kategorie der Praxis wird dementsprechend zentral, da die Praxis zum Geltungs- und Wahrheitsnachweis für den universalen Anspruch wird. Dieser Ansatz wird von Ramminger wie von Metz – beide Vertreter der Politischen Theologie –, trotz teilweise divergierender theoretischer Bezugsrahmen, geteilt. Metz greift stärker auf die Kritische Theorie der Frankfurter Schule und die Philosophie Ernst Blochs zurück. Ramminger bezieht sich hingegen deutlicher auf die zeitgenössische französische Philosophie von Étienne Balibar, Jean-Luc Nancy und Badiou sowie auf die lateinamerikanische Befreiungstheologie.

In einer Reflexion über die von ihm rezipierten Theoretiker kommt Ramminger zu dem Ergebnis, dass es heutzutage eher Philosophen als Theologen sind, die dem Christentum potentiell eine „Politik des Universalen“ zutrauen,

> wie z.B. Alain Badiou, der Paulus einen wahren Universalismus der Gleichheit zuschreibt und diesen zugleich als eine „unerhörte

14 Ramminger: Universalität, 105.

15 Ebd. 105 f. Mit Verweis auf Étienne Balibar, Franz J. Hinkelammert und Karl Marx.

> Geste“ beschreibt, die die Wahrheit jedem kommunitären [...] Zugriff entzieht.[16]

Wie Ramminger in diesem Zitat selbst expliziert, lässt sich Badious Pauluslektüre als differenziertes Verständnis von Universalismus begreifen und für die Analyse der Rolle und der Orte der ChristInnen in der globalisierten Welt fruchtbar machen. Die theoretische wie praktische Herausforderung der Globalisierung, die damit einhergehende Pluralisierung von Geltungsansprüchen, aber auch der Produktion von Elend einerseits, und die differenztheoretischen Ansätze innerhalb der Theologie andererseits, fordern zu einer differenzierten Begründung eines Universalismus heraus. So legt beispielsweise Ulrich Engel eine aufschlussreiche Verbindung von differenztheoretischen Ansätzen und der Politischen Theologie nach Metz und Peters dar, reflektiert diese Verbindung aber nicht noch einmal vor dem Hintergrund zeitgenössischer Universalismuskonzepte, zu denen auch die Politische Theologie selbst gezählt werden könnte.[17]

Noch vor der Zustimmung oder Ablehnung von Badious Universalismustheorie ist die Tatsache, dass Badiou sich überhaupt um solch eine Theorie bemüht und Differenzierungen anbietet, ein sinnvoller Anknüpfungspunkt für die Theologie. Aber auch bei genauerer Betrachtung lassen sich einige Parallelen entdecken. Badious Unterscheidung von falscher und wahrer Universalität wird direkt von Ramminger übernommen. Die Globalisierung wird von beiden als faktische Universalität ernst genommen und ihr wird eine wahre Universalität, die durch die Praxis von Menschen realisiert werden soll, entgegengesetzt.

Auch die von Metz unternommene Differenzierung zwischen einem machtpolitischen und einem leidempfindlichen Universa-

16 Ebd. 107.

17 Engel: Politische Theologie. Sein Anliegen ist natürlich vorerst, differenztheoretische Ansätze für die Politische Theologie fruchtbar zu machen. Umgekehrt würde eine ausführlichere Rezeption differenztheoretischer Ansätze auch den Rahmen meiner eigenen Analyse übersteigen.

lismus, die einem unkritischen Pluralismusdenken gegenübersteht, ließe sich mit Badious Theorie vermitteln. Dass es in Badious Ansatz keine explizite Kategorie des Leidens gibt, muss dafür kein Hindernis sein, denn auch sein Ansatz ist von einem Gleichheitsanspruch geprägt, der die Überwindung von gesellschaftlich verursachtem Elend zum Ziel hat. Insofern der von ihm entwickelte paulinische Universalismus durch das Partikulare geht bzw. das Partikulare aufgreift, besteht gerade nicht die Gefahr, dass partikulare Bedürfnisse getilgt werden. Dieser Gefahr könnte meines Erachtens deutlicher begegnet werden, wenn Badiou die Kategorie des Leidens und der „Autorität der Leidenden" in sein Konzept integrieren würde.

In allen drei Ansätzen wird der Geltungsanspruch des jeweiligen Universalismus an die Praxis geknüpft. Universalismus ist dementsprechend nichts bereits Vollendetes, sondern muss realisiert werden. Es handelt sich um einen tätigen Prozess. Dennoch betont Badiou, dass mit einem Ereignis und seiner Adressierung „an alle" bereits ein Universalismus initiiert wird. Meines Erachtens handelt es sich um eine Spannung in seiner Universalismustheorie zwischen dem bereits vollzogenen, durch ein Ereignis hervorgerufenen Universalismus und seiner umfangreichen Realisierung. Die Adressierung ist noch kein Empfang und keine Praktizierung der Botschaft.

Apokalypse als Ereignis?

Wenn der Fokus bei Badiou auf dem Moment des Ereignisses und nicht auf der anschließenden Realisierung der universalen Botschaft liegt, kann die Frage angeschlossen werden, ob ein Ereignis erwartet werden muss? Was bedeutet das für die Praxis derjenigen, die auf die Realisierung von Gleichheit, die auf die Realisierung von Gerechtigkeit setzen? Badiou verweist darauf, dass sich diese Praxis vornehmlich in Form der Treue gegenüber vergangenen Ereignissen artikulieren wird bzw. soll. Am Ende seines Paulusbuchs weist Badiou darauf hin, dass es vergangene Ereignisse gibt, die immer noch „unsere“ Treue verlangten. Und dennoch ist Badious gesamtes Theoriegebäude eines, das über das Ereignis als Ausnahme reflektiert, auf vergangene Ereignisse hinweist und auf (un-)mögliche Ereignisse vorbereiten will. Diese Vorbereitung besteht aber nicht in einer Vorankündigung oder Erwartungshaltung, sondern in einem grundsätzlichen Verständnis der Funktionsweise von Ereignissen, das im geeigneten Moment dazu führen soll, entscheidungsfähig zu sein. In seinem Buch „Theorie des Subjekts“ zitiert Badiou eine Geschichte von der Niederschlagung der Pariser Commune 1871. Ein Abgeordneter der Commune wird während des Angriffs des Militärs so nervös, dass er statt Entscheidungen zu treffen, die von ihm erbeten werden, Gutscheine für Heringe an die kämpfenden ArbeiterInnen zu verteilen beginnt. Badiou kommentiert diese Geschichte folgendermaßen:

> Von allen möglichen Alpträumen ist der, eines Tages eine solche Figur abzugeben, für mich der unerträglichste. [...] Ich schreibe hier, damit weder ich noch meine Gesprächspartner, Intellektuelle oder nicht, jemals zu Leuten werden, die den großen Fälligkeiten der Geschichte letzten Endes nicht anders als mit der Verteilung von Heringsgutscheinen zu begegnen wissen.[18]

Es lässt sich daraus entnehmen, dass sein ganzes Werk zu einem klugen Handeln in schwierigen Momenten befähigen will.

Die Frage nach vergangenen und nach zukünftigen Ereignissen sowie die Haltung gegenüber beiden ist auch der Theologie nicht fremd. Das gilt insbesondere für die Eschatologie[19] und die Apokalyptik[20] im Sinne von Vollendung und Beendung. Die Frage ist, in welchem Verhältnis die Vollendung der Welt und Geschich-

18 Badiou: TS, 17.

19 Zum Begriff der Eschatologie vgl. Greshake, Gisbert: Artikel Eschatologie. Systematisch-theologisch, in: Lexikon für Theologie und Kirche, Bd. 3, Freiburg im Breisgau ^{3}2009, 874-876.

20 Zum Begriff der Apokalyptik vgl. Metz: Glaube, 149-160. Metz: Memoria, 123-156. Und: Taxacher, Gregor: Apokalyptische Vernunft. Das biblische Geschichtsdenken und seine Konsequenzen, Darmstadt 2010.

te zum Christusereignis steht. In der Terminologie Badious ließe sich das Christusereignis als Beginn des Neuen interpretieren. Badiou selbst schlägt in seinem Paulusbuch diese Lesart vor. Ist es möglich und sinnvoll die Vollendung auch als ein Ereignis, ein zweites Ereignis, in Badious Sinn zu denken? Diese Interpretation wäre nicht abwegig, wenn und insofern die Vollendung einen Bruch mit dem Status quo (Zustand/Staat/*État*) zur Folge hätte. Die Frage, die sich anschließt, ist: Was passiert zwischen zwei Ereignissen? Was passiert in der Zwischenzeit? Aber: Ist das aus Badious Perspektive die richtige Frage?

Für Badiou sind mehrere Ereignisse nicht ausgeschlossen. Im Gegenteil geht Badiou von mehreren Ereignissen aus, wenn auch nicht von vielen. Im Bereich der Politik spricht er häufig von vier Ereignissen, die für uns heute von Relevanz sind: 1. die Französische Revolution, 2. die Pariser Kommune, 3. die Oktoberrevolution, 4. der Mai 1968.[21] Die vier Ereignisse wurden nicht deshalb zu Ereignissen, weil quantitativ viel passiert war, sondern weil dort, so Badiou, Gleichheitsproklamationen getätigt wurden, die an alle Menschen gerichtet waren und weiterhin gerichtet sind und es ein Bewusstsein und eine Benennung dieses neuen Moments gab. Wichtig ist, dass es im jeweiligen Ereignis nicht darum geht, ein weiteres Ereignis anzukündigen, sondern dass jedes Ereignis bereits eine universale Adressierung beinhaltet und ein Subjekt initiiert, das diese Adressierung praktisch vollzieht. Wie bereits thematisiert, spielt die Realisierung oder „Vollendung" eines Ereignisses für Badiou keine größere Rolle. In seinem Paulusbuch klingt sogar eine Skepsis gegenüber dem Denken einer Vollendung an, da er darin ein Ressentiment gegenüber den „Feinden" und die Erwartung einer Belohnung zu erkennen meint.[22]

---

21 Badiou: Sarkozy und Badiou, Alain/Tarby, Fabien: Die Philosophie und das Ereignis, Wien 2012, 17-24. Zitiert als Badiou/Tarby: Philosophie.

22 Badiou: Paulus, 118 und im dritten Kapitel „Schritt 4: Das Subjekt und der Universalismus".

In diesem Aspekt ist ein deutlicher Unterschied zur Politischen Theologie erkennbar. Vollendung wird dort als Erlösung und Rettung für die ungerecht Leidenden begriffen. Eine Kategorie der Rettung oder Erlösung gibt es bei Badiou nicht. In der Politischen Theologie ergibt sie sich aus der Kritik der modernen Fortschrittsgesellschaft und aus dem Bewusstsein, eine explizite Theologie nach Auschwitz treiben zu müssen. Angesichts des bestehenden und vergangenen Leidens in dieser Welt ist die biblisch zugesagte Rettung notwendig und als praktisch-theologische Kategorie zu verwenden. Für Metz muss die Hoffnung auf Rettung erinnert und „narrativ expliziert werden".[23] Badious Skepsis gegenüber einer Erlösungshoffnung (Vollendung) dürfte, obgleich es ein starkes Bewusstsein für Ungerechtigkeit in seinem Denken gibt[24], meines Erachtens im tendenziellen Fehlen der Kategorie des körperlichen Leidens begründet sein. Die Passage[25] seines Paulusbuchs, in der er 1 Kor 1,17-29 analysiert, ist im Hinblick auf die Kategorie des Leids von Bedeutung. Paulus schreibt dort, dass Gott das Schwache und das Verachtete in der Welt erwählt hat, um das Starke abzusetzen bzw. zu vernichten. Diese Erwählung widerspreche der Weisheit der Welt, zeichne hingegen die Weisheit Gottes aus. Dabei geht es mir jedoch nicht um das, was von Badiou über diese Passage gesagt, sondern was von ihm nicht gesagt wird. Er erwähnt zwar die Torheit, aber nicht Gottes Erwählung des Schwachen und des Verachteten. Auch darüber hinaus gibt es im gesamten Paulusbuch keine Auseinandersetzung mit dem Schwachen bzw. dem Leid. Die Schwachheit wird nur als Ausdrucksform des christlichen Diskurses, der sich nur über ein

23 „Soteriologie – dies ist die These –, die weder das Erlösungsgeschehen konditioniert oder suspendiert, noch die Nicht-Identität der Leidensgeschichte ignoriert bzw. dialektisch überfährt, kann nicht rein argumentativ, sie muss narrativ expliziert werden; sie ist fundamental memorativ-narrative Soteriologie." Metz: Glaube in Geschichte und Gesellschaft, 118 f außerdem 63 f.

24 Badiou: Gemeinwohl, 35-48.

25 Badiou: Paulus, 57-69.

Bekenntnis und nicht über Beweise oder philosophische Argumente erklären könne:

> Der dritte Diskurs [der christliche, P.G.] muss sich in der Schwäche erfüllen, denn darin liegt seine Stärke. [...] Er wird die ärmliche Rohheit öffentlichen Handelns haben, des nackten Bekennens, das kein anderes Prestige kennt als seinen realen Inhalt.[26]

Dass für Paulus die Schwachen in biblischer Tradition diejenigen sind, die leiden, gerät Badiou nicht in den Blick. Im Gegenteil: Für ihn spielt die Kategorie des Leidens, im Sinne des somatischen Leidens, keine Rolle. Er spitzt diesen Gedanken sogar zu, wenn er schreibt: „Das Leiden spielt in der Apologetik des Paulus keinerlei Rolle, nicht einmal beim Tod Christi."[27] Es gibt keine „wesentlich erlösende Funktion des Leidens"[28]. Menschen nehmen zwar am Leiden Anderer Teil, aber insofern das Leiden zum Bestehenden gehört, gehört für Badiou auch die Teilnahme am Leiden zum „Gesetz der Welt"[29]. Diese Formulierung Badious, dass es keine wesentlich erlösende Funktion des Leidens gäbe, ist aus der Perspektive der Politischen Theologie richtig, greift aber zu kurz, weil die Erfahrung des Leidens die Bedingung der Möglichkeit der Erkenntnis des Erlösungsgeschehens ist.

In der Politischen Theologie im Anschluss an die Kritische Theorie der Frankfurter Schule ist die Kategorie des Leids bzw. des fremden Leids, im deutlichen Unterschied zu Badiou, zur zentralen Wahrheitsbedingung geworden, was sich in dem Satz von Adorno in der „Negativen Dialektik" wiederfindet: „Das Bedürfnis, Leiden beredt werden zu lassen, ist Bedingung aller Wahrheit."[30] Leiden wird zum Kriterium, Wirklichkeit als Wirk-

26 Ebd. 69.
27 Ebd. 84.
28 Ebd. 84.
29 Ebd. 84.
30 Adorno, Theodor W.: Negative Dialektik, in: Ders.: Gesammelte Schriften, Band 6, herausgegeben von Rolf Tiedemann, Frankfurt am Main [7]2015, 7-411, hier 29. Zitiert als Adorno: Negative Dialektik.

lichkeit wahr- und ernstzunehmen. Für Adorno ist im Leiden eine Unmittelbarkeit der Wirklichkeit par excellence zu finden und es trägt in sich einen Imperativ nach Veränderung: „Das leibhafte Moment meldet der Erkenntnis an, dass Leiden nicht sein, dass es anders werden solle."[31] Die Politische Theologie hat diesen von der Frankfurter Schule formulierten Imperativ aufgegriffen und sich zu eigen gemacht. Metz verortet die Theologie und die Kirche „inmitten der Leidensgeschichten der Menschen"[32]. Diese sind biblisch paradigmatisch in der Erhörung des Schreis der Hebräer der Exoduserzählung, die in diesem Moment zum Volk Gottes werden, sowie im Schrei des Autors der Offenbarung, der nach der Wiederkunft Christi schreit, ausgedrückt. Mit den Leidensgeschichten der Menschen bezieht sich Metz auf die vielen unterschiedlichen Erfahrungen des Leids und des Scheiterns, die er jedoch nicht als bloße begriffliche Vermittlung des Leids verstanden wissen will, sondern als eine Wahrnehmung des tatsächlichen Leidens.

Metz spricht von der Nicht-Identität menschlicher Leidensgeschichten, die sich begrifflich und damit auch theologisch bzw. theoretisch nie einholen lässt. Diese Nicht-Identität gilt insbesondere für theologische wie theoretische Konzepte von Erlösung, Rettung oder Versöhnung. Genau diese Differenz zur somatischen Dimension des Leidens[33] zu erkennen und zu thematisieren, charakterisiert eine nachidealistische bzw. materialistische Theologie und Theorie.[34] Aus dem im Leiden implizierten Imperativ zum Nichtsein-sollen und zur Veränderung schließt die Frankfurter Schule sowie die Politische Theologie, dass Theorie bzw. Theologie jeweils kritisch und dialektisch sein muss.[35] Das Leid zeigt die Widersprüchlichkeit des Bestehenden auf und entlarve es als

31 Adorno: Negative Dialektik, 203.

32 Metz: Glaube, 204.

33 Den Begriff des somatischen bzw. leibhaften Leidens entnehme ich Adorno: Negative Dialektik, 193-207 und Zamora: Krise, 429-440.

34 Metz: Glaube,104-119, hier 118 sowie Zamora: Krise, 429-464.

„schlechte[s] Ganze[s]“[36]. Kritische Theorie und Politische Theologie zeichne sich durch die Hoffnung auf das Nichtseiende, die Rettung, aus. Zamora pointiert im Anschluss an Adorno: „Denken [dient] dem Nichtseienden.“[37]

Mit der Konzentration auf das ungerechte Leiden geht in der Politischen Theologie auch eine Neuinterpretation der Apokalyptik und Zeitlichkeit einher, da Rettung angesichts der Leidensgeschichten nicht nur notwendig, sondern auch dringend ist. Metz unternimmt deshalb eine Relektüre der biblischen Texte und kommt zu dem Schluss: „Die biblische Botschaft ist in ihrem Kern auch eine Zeit-Botschaft, eine Botschaft vom Ende der Zeit.“[38] Das Ende der Zeit lässt sich als Abbruch der Leidensgeschichte bzw. Leidenszeit, mit dem gleichzeitig das Reich Gottes beginnt, verstehen. Die biblischen Texte sind

> literarische Zeugnisse einer Weltwahrnehmung, die die Antlitze der Leidenden „aufdecken“ will, Zeugnisse einer Weltsicht, die „wacht“ und das „enthüllt“, was wirklich „der Fall ist“ - gegen die in allen Weltanschauungen immer wieder auftauchende Neigung zur mythischen oder metaphysischen Verschleierung des himmelschreienden Unglücks in der Welt und gegen jene kulturelle Amnesie, die heute auch die vergangenen Leidenden unsichtbar und ihre Schreie unhörbar macht.[39]

Der theologische Begriff dafür ist Apokalyptik. Metz grenzt die Apokalyptik als Zeitbotschaft deutlich von einem Katastrophendenken ab, wie es Badiou vorauszusetzen scheint. Metz kennt

35 Zum Theorieverständnis der Kritischen Theorie und der Politischen Theologie vgl. auch Ančić, Nedjeljko: Die „Politische Theologie“ von Johann Baptist Metz als Antwort auf die Herausforderung des Marxismus, Frankfurt am Main, 1981, 77-112. Zitiert als Ančić: „Politische Theologie“.

36 Zamora: Krise, 430.

37 Ebd. 440 und Adorno: Negative Dialektik, 66.

38 Metz: Memoria, 129.

39 Metz, Johann Baptist: Gott in Zeit. Von der apokalyptischen Wurzel des Christentums (2016), in: Ders.: Gott in Zeit. Gesammelte Schriften Band 5, Freiburg im Breisgau 2017, 68-77, hier 75. Zitiert als Metz: Zeit.

zwar auch ein apokalyptisches Denken, was totalitäts- und agressionsanfällig ist, womit er Badious Skepsis teilt. Dieses apokalyptische Denken entstehe jedoch durch die Entzeitlichung der Apokalyptik, die zu einer Moralisierung führe. Stattdessen geht es ihm zufolge in der biblischen Apokalyptik darum, dem Schrei der Leidenden eine Frist zu geben.[40] Kann solch ein Verständnis von Apokalypse als Ereignis in Badious Sinne interpretiert werden?

Trotz des Fehlens der Kategorie des Leidens bei Badiou gibt es eine Parallele zu seiner Ontologie bzw. Ereignistheorie, in der er sich auch dem (Noch-)Nichtseienden zuwendet. Das Ereignis leitet gegenüber dem Bestehenden (*État*) immer etwas Neues, etwas Nichtseiendes, ein. In einer anderen Bedeutung ist das Nichtseiende bei Badiou auch das, was im Staat (*État*) nicht repräsentiert ist. Beispielsweise seien die migrantischen ArbeiterInnen in Frankreich das Inexistente, von dem das Neue ausgehen könne.[41] In seinem Paulusbuch schreibt er: „Das Christusereignis nötigt also in der Logik des Paulus zu der Aussage, *dass Gott nicht der Gott des Seins, dass er nicht das Sein ist.*“[42] Badiou leitet diese Erkenntnis aus der Interpretation von 1 Kor 1,17-29 ab. Paulus schreibt dort von seiner Sendung und von den Erwählten Gottes. Badiou entnimmt dieser Passage, dass sich das Neue (des Christusereignisses) nicht in bestehenden Diskursen ausdrücken und auch dort nicht einordnen lässt. Es muss deshalb eine neue Sprache erfunden werden, damit sich die Erfahrung der Auferstehung artikulieren kann. Dies ist die Erfindung des christlichen Diskurses, den er im Anschluss an Paulus den Diskurs der Torheit gegenüber dem der Weisheit nennt.

An diesem Punkt zeigt sich eine Unschärfe von Badious Ereignis- und Subjekttheorie: Das Verhältnis zwischen dem Erkennen von Ereignissen und der Konstitution des Subjekts ist nicht eindeutig geklärt. Er lässt das exakte Verhältnis von Aktivität und

40 Ebd. 124-142.

41 Badiou: TS, 329-357.

42 Badiou: Paulus, 61. Hervorhebung im Original.

Passivität in der Entstehung des Subjekts bzw. dem Wirken eines Ereignisses offen. Das Subjekt verdankt sich einerseits (passiv) dem Ereignis, andererseits muss es das Ereignis aktiv erkennen und als solches benennen. Aktivität und Passivität sind beide in diesem Punkt vereint. Das Ereignis benennt ein unkalkulierbares Moment in der Entstehung des Subjekts und verweist auf die Passivität, die im Paulusbuch auch Gnade genannt wird. Das unkalkulierbare Moment muss andererseits aktiv in einen Praxisvollzug aufgenommen werden. Die inhaltlichen Bestimmungen, die ein Ereignis ausmachen – der Gleichheitsanspruch, das „für alle" – gehen in die Praxis des Subjekts über. Bei Badiou wird Praxis zur Schöpfung eines Neuen als Konsequenz aus einem zufälligen Beginn. In der Politischen Theologie wird christliche Praxis (Nachfolge) auch durch einen konkreten Moment, das Christusereignis, (faktisch) initiiert. Als radikale Praxis der Nachfolge beinhaltet sie aber auch einen apokalyptischen Zeitkern. Ohne die Hoffnung auf eine „Verkürzung der Zeit" wäre für Metz radikale Nachfolge nicht lebbar[43], die so auch nicht einer an der Bibel und der ihr inhärenten „Autorität der Leidenden" orientierten Theologie entspräche.[44]

Mit Badious Subjekttheorie und der damit verbundenen Bedeutung der Praxis, erscheint die am Anfang dieses Unterkapitels aufgeworfene Frage, ob auf ein Ereignis gewartet werden muss bzw. was zwischen zwei Ereignisses passiert, in einem anderen Licht. Zwar ist die Frage legitim, aber sie entspricht letztendlich nicht Badious Ereignis- und Subjektkonzeption. Denn ein Ereignis verweist nicht auf ein anderes Ereignis und die Realisierung der im Ereignis begonnenen Gleichheitsproklamation stellt auch kein zweites Ereignis dar. Die Realisierung bleibt die Realisierung des

43 Metz: Memoria passionis, 144. Auch: Peters, Tiemo, Rainer: Mystik, Mythos, Metaphysik. Die Spur des vermissten Gottes, Mainz 1992, 71-73.

44 Vgl. hierzu das Kapitel „Athen versus Jerusalem? Über die Verbergung der anamnetischen Grundverfassung des europäischen Geistes" in Metz: Memoria, 236-244.

einen Ereignisses und sie wird – wenn überhaupt – durch die Praxis des Subjekts vollzogen. Die Praxis des Subjekts nennt Badiou auch die Treue zum (vergangenen) Ereignis. Der Treuebegriff verweist auch darauf, dass die Praxis des Subjekts einen inneren Zusammenhang hat und eine Kontinuität in Bezug auf das Ereignis aufweist. Sobald diese Treue nicht fortgesetzt, d.h. eine andere Praxis eingeschlagen wird, verliert das Subjekt seinen Subjektstatus. Badious Ansatz ist dementsprechend auch nicht mit einer Haltung des Abwartens kompatibel und korrespondiert darin mit der Politischen Theologie. Auch in der Politischen Theologie liegt der Fokus auf der Praxis, die Nachfolge genannt wird. Sie speist sich jedoch aus einem anderen Zeitverständnis. Die apokalyptische Hoffnung ist ohne Nachfolgepraxis nicht möglich und umgekehrt entsteht die Nachfolgepraxis auf Grund der apokalyptischen Hoffnung und dem damit einhergehenden Zeitverständnis. In Badious Terminologie wäre die Apokalypse im Sinne von Erlösung und Rettung kein zweites Ereignis, sondern eine Folge aus der Treue des Subjekts Kirche (oder Volk Gottes) zum (Christus-)Ereignis. Dennoch weist die Apokalypse als Abbruch der Leidenszeit, wie sie Metz versteht, auch zentrale Charakteristika eines Ereignisses im Badiou'schen Sinne auf. Der Abbruch leitet gegenüber dem Bestehenden, „unserer (vom Tode gezeichneten) Zeit"[45] etwas Neues ein: Das Reich Gottes bzw. Gott selbst. Auch ein so verstandenes Ereignis ist unverfügbar, es ist nicht machbar. Es fordert jedoch zur Wachsamkeit auf. Im Unterschied zu Badiou, der keinen positiven Begriff von Apokalypse kennt und deshalb auch auf kein Ereignis hoffen kann, hebt die Politische Theologie die Hoffnung auf ein Ereignis hervor.

Im Anschluss wäre zu überlegen, inwiefern sich ein bereits bestehendes Subjekt an einem anderen Ereignis subjektivieren

45 Metz: Zeit, 74: „Der apokalyptische Ruf nach der ‚Wiederkehr Jesu' am Ende des Neuen Testaments meint ja nicht eine ‚Rückkehr Jesu' unter den Horizont unserer (vom Tode gezeichneten) Zeit, sondern zielt auf das Ereignis des Endes eben dieser Zeit."

könnte. Könnte es zu Allianzen verschiedener Subjekte kommen? Insofern ein Ereignis immer „für alle“ Geltung beansprucht, dürfte diese Möglichkeit bestehen. In seinem Paulusbuch vergleicht Badiou Paulus mit Lenin, zwei Eigennamen, die repräsentativ für ein Subjekt stehen. Ob daraus irgendwelche Konsequenzen aus seiner Perspektive für die ChristInnen und die KommunistInnen folgen, vertieft Badiou nicht. Weiter wäre auch zu fragen, wie sich verschiedene Ereignisse zueinander verhalten (können). Ich habe zwar herausgestellt, dass sich Badiou jeweils auf ein einzelnes Ereignis konzentriert, da jedes Ereignis bereits über seine Adressierung eine universale Struktur aufweist, aber auch aus seiner Perspektive gibt es faktisch mehrere Ereignisse. Ist es außerdem möglich, dass einem Subjekt nicht nur die Realisierung der Gleichheit, sondern selbst eine Treueprozedur nicht gelingt? Kann ein Subjekt scheitern, d.h. aufhören, Subjekt zu sein und was folgt daraus? Welche Konsequenzen hätte das für eine „Politik des Universalen“[46], wie es Ramminger im Anschluss an Balibar und Badiou formuliert?

Ereignis und Scheitern des Subjekts im Neoliberalismus

Im letzten Unterkapitel habe ich dargelegt, dass sich in Badious Ereignistheorie das Subjekt an einem vergangen Ereignis orientiert und vorerst nicht auf ein zukünftiges Ereignis ausgerichtet ist bzw. sein muss. Im Folgenden erörtere ich die Frage, ob ein Subjekt auch scheitern kann. Welche Kriterien bietet Badiou, um

46 Vgl. Kapitel 5 „Mitleid, Universalismus, Globalisierung“ in diesem Buch und Ramminger: Universalismus, 105 mit Verweis auf Balibar. Badiou verwendet diesen Begriff so nicht. Insofern er aber dem Universalismus der monetären Abstraktion einen Universalismus der Wahrheit entgegensetzen möchte und diese sich prinzipiell neben Kunst, Wissenschaft und Liebe als Politik ausdrücken kann, halte ich den Begriff „Politik des Universalen“ auch bei Badiou für angemessen.

über ein mögliches Scheitern eines Subjekts Auskunft geben zu können? Dabei beziehe ich mich auf eine Diskussion, die von Vertretern der Politischen Theologie angesichts der Situation der ChristInnen in der neoliberalen Globalisierung seit einigen Jahren diskutiert wird.

Im Jahr 2012 veröffentlichte der niederländische Theologe und Exeget Ton Veerkamp das Buch „Die Welt anders. Politische Geschichte der Großen Erzählung“[47], in dem er das Aufkommen der „Großen Erzählung Israels“ von ihren in der Bibel dokumentierten Anfängen bis zu Augustinus im fünften Jahrhundert n. Chr. nachzeichnet und ihr Scheitern in der gegenwärtigen Postmoderne postuliert. Veerkamp versteht unter einer Großen Erzählung

> eine von der Mehrheit der Gesellschaftsmitglieder erkannte und anerkannte Grunderzählung, in der sie ihre einzelnen Lebenserzählungen miterzählt wissen, durch die sie einen Platz in der Gesellschaft zugewiesen bekommen und so die gesellschaftliche Grundstruktur mit ihren Loyalitäten und Abhängigkeiten verinnerlichten.[48]

Die Große Erzählung, die die Bibel dokumentiert und die für Veerkamp in der zentralen Botschaft einer Gesellschaft ohne Sklaven und ohne Herren besteht, befand sich zwar immer wieder am Rand des Scheiterns auf Grund derjenigen, „die ohne Sklaven nicht auskommen“[49]. Aber erst der Postmoderne ist der Sieg über diese Große Erzählung gelungen, da sie das Konzept von Großen Erzählungen an sich in Frage stellt. Nach Veerkamp lässt sich deshalb heute nur noch Theologie als „Erinnerungs- [und] Trauerarbeit“[50] praktizieren.

Im Anschluss an Veerkamps Buch ist eine Diskussion unter Dick Boer, Kuno Füssel, Michael Ramminger und anderen aufgekommen. Die Grundfrage der Diskussion lautete:

---

47 Veerkamp: Die Welt.

48 Ebd. 14.

49 Ebd. Vorwort (ohne Seitenangabe).

50 Ebd. 14.

> Reden wir von Niederlagen oder reden wir – müssen wir – vom Scheitern unserer Erzählung und damit wohl auch vom Scheitern aller Hoffnung reden?[51]

Die dahinterstehende und mit Badiou zusammenhängende Thematik, ist die des gescheiterten Subjekts. Ist das Subjekt der Großen Erzählung in der Postmoderne gescheitert oder hat es nur eine Niederlage erlitten?[52] Die Große Erzählung kann in diesem Zusammenhang als universale Geltung beanspruchende Botschaft verstanden werden, wie Badiou in seinem Paulusbuch auch die egalitäre Brüderlichkeit, die aus dem Christusereignis folgt, beschreibt. Welche Konsequenzen hätte das Scheitern? Aber auch: Welche Möglichkeiten bietet Badiou an, diese Lage des Subjekts zu bewerten?

Michael Ramminger greift für seine Kritik an Veerkamps Konzept des Scheiterns der Großen Erzählung und ihres Subjekts sowie der Schlussfolgerung, dass sinnvolle Theologie nur noch Trauerarbeit sein könne, unter anderem auf Badious Paulusbuch zurück. Er unternimmt zwar in diesem Aufsatz keine ausführliche Analyse des Paulusbuchs, rekurriert aber auf den Aspekt des Ereignisses und auf Badious Gegenwartsdiagnose. Ramminger legt dar, dass die Behauptung der Auflösung Großer Erzählungen in der Postmoderne letztlich das „‚Weltbild'" des neoliberalen Kapitalismus ist, da dieser jegliche Existenzen von Weltbildern zu

51 Boer, Dick/Füssel, Kuno/Ramminger, Michael: Vorwort, in: Dies. (Hg.): Was verdrängt, aber nicht ausgelöscht werden kann. Diskussion über das Schicksal der Großen Erzählung, Münster 2014, 7. Vgl. auch Bedenbender, Andreas/Boer, Dick/Hippchen, Alexandra/Jankowski, Gerhard (Hg.): Weiter denken. Festschrift für Ton Veerkamp zum 80. Geburtstag, in: Texte und Kontexte. Exegetische Zeitschrift, Nr. 141-143. 37. Jahrgang 1-3/2014.

52 Im Falle einer Großen Erzählung, wie sie Veerkamp definiert, ist letztlich nicht klar, wer eigentlich Subjekt ist. Trägt das Volk Gottes die Große Erzählung als Botschaft von Autonomie und Egalität oder trägt die Große Erzählung das Volk Gottes, das ja in dieser Erzählung „wohnt" (Veerkamp: Die Welt, 14, 421-423. Aktivität und Passivität werden hier nahe aneinander gerückt.

„verschleiern“ versucht, um keine Alternativen zu ihm aufkommen zu lassen.[53] Ein Konzept der Trauerarbeit passt sich, so Ramminger, auf einer Metaebene in dieses Weltbild ein. In der Theorie werden dadurch die ideologischen Voraussetzungen des neoliberalen Kapitalismus übernommen und die Theorie verliert so ihr kritisches Potential gegenüber dem, was ist.[54] Sein Verständnis von Neoliberalismus bzw. neoliberalen Kapitalismus legt Ramminger in einem früheren Aufsatz „Christliche Existenz heute: Die andere Globalisierung. Globalisierung als Krise des Kapitalismus“[55] dar. Neoliberalismus wird einerseits als ökonomische Doktrin, andererseits als Herrschaftsmodell dargestellt. Ökonomisch bedeutet er vor allem Deregulierung und stärkere Weltmarktorientierung (Globalisierung). Als Herrschaftsmodell funktioniert er weniger über unmittelbare Unterdrückung, sondern über Partizipationsangebote und Partizipationszwang. Rammingers Verständnis des Neoliberalismus weist somit einige Parallelen zu Badious Gegenwartsdiagnose in seinem Paulusbuch auf.[56] Die Analyse des neoliberalen Kapitalismus hat bei Ramminger nicht nur die Funktion der Informiertheit. Der hermetische Charakter des Neoliberalismus, der sich in der Formulierung „There is no alternative“ aus-

---

53 Ramminger, Michael: Wozu noch nach dieser Lektüre die Große Erzählung lesen? Eine Auseinandersetzung mit dem Buch „Die Welt anders“, in: Boer, Dick/Füssel, Kuno/Ramminger, Michael (Hg.): Was verdrängt, aber nicht ausgelöscht werden kann. Diskussion über das Schicksal der Großen Erzählung, Münster 2014, 55-67, hier 66. Zitiert als Ramminger: Große Erzählung.

54 Vgl. Geitzhaus/Lis: Ambivalente Subjekte, 169-172.

55 Ramminger, Michael: Christliche Existenz heute: Die andere Globalisierung. Globalisierung als Krise des Kapitalismus, in: Institut für Theologie und Politik (Hg.): In Bewegung denken. Politisch-theologische Anstöße für eine Globalisierung von unten, Norderstedt 2003, 12-24. Zitiert als Ramminger: Christliche Existenz.

56 Badiou spricht nicht von Partizipationsmöglichkeiten (die auch bei Ramminger nicht positiv besetzt sind), sondern hebt den unbegrenzten Ausbeutungscharakter des gegenwärtigen Kapitalismus hervor. Deshalb spricht er auch von den Parallelen der Gegenwart zur zweiten Hälfte des 19. Jahrhunderts. Vgl. in Kapitel 3 „Die Gesellschaftsanalyse“ in diesem Buch.

drückt, stellt auch die ChristInnen vor die Herausforderung der Formulierung ihrer Hoffnung. Ramminger hebt deshalb hervor, dass sich christliche Hoffnung nicht in einen hermetischen Neoliberalismus einpassen lässt:

> Apokalyptik stellt sich quer und sie durchbricht jede Sanktionierung irgendeines Status quo oder eines evolutionistischen Welt- oder Freiheitsverständnisses. Sie weiß um die Vorläufigkeit der Welt und fühlt sich deshalb deren erklärten Gesetzmäßigkeiten, Sachzwängen und Notwendigkeiten enthoben.[57]

Nach Ramminger ist die Auseinandersetzung mit dem Neoliberalismus deshalb auch theologisch brisant.

Alternativ zum Konzept des Scheiterns von Veerkamp greift Ramminger auf Badious Ereignistheorie zurück. Er interpretiert Badious Ereignis als Unterbrechung der bestehenden Strukturen und bezieht sich damit konkret auf die Strukturen des neoliberalen Kapitalismus, die der Erzählung von „Autonomie und Egalität", wie sie Veerkamp nennt[58], entgegenstehen:

> Der Moment, wie Erzählungen subjektstiftend und „deterritorialisierend" wirkmächtig werden, kann [...] nicht bestimmt, vorhergesehen werden. Wir wissen nur, dass Menschen es tun und immer getan haben, dass solche „Ereignisse" möglich sind, Geschichte möglich ist.[59]

Ramminger schlussfolgert, dass aus der Tatsache, dass es bisher neue bzw. erneuerte Praxis (in Form der Lektürepraxis beispielsweise) gab, neue Praxis auch weiterhin möglich ist. Damit ist keine Sicherheit und kein Automatismus gegeben, jedoch ist die prinzipielle These der Unmöglichkeit von Neuheit in Frage gestellt. In den Worten Rammingers entspricht diese Position nicht dem neoliberalen Weltbild, da sie nicht auf die Unmöglichkeit von Alternativen setzt, sondern auf ihre Möglichkeit. Entgegen dem

57 Ramminger: Christliche Existenz, 22.

58 Veerkamp, Ton: Autonomie und Egalität. Ökonomie, Politik und Ideologie in der Schrift, Berlin 1992. Und Ramminger: Große Erzählung, 56.

59 Ramminger: Große Erzählung, 65 mit Verweis auf Badiou.

Konzept der Trauerarbeit versteht er diesen Ansatz in der Tradition der Politischen Theologie als „Apologie einer Hoffnung“[60]. Das Subjekt der Großen Erzählung wird dementsprechend nicht als gescheitert interpretiert. Doch Ramminger scheint davon auszugehen, dass es eines weiteren Ereignisses bedarf, um – in Badious Terminologie – die Treueprozedur im Sinne seiner universalen Adressierung effektiv fortsetzen zu können. Hier wäre das weitere Ereignis aber keine Vollendung oder Beendung, wie in der Apokalyptik, sondern ein weiterer Beginn, der im Durchbrechen des neoliberalen Weltbildes bestünde.[61]

Ramminger postuliert nicht nur die Möglichkeit von Ereignissen, sondern nennt auch mögliche Entstehungsbedingungen. Die sieht er in der Figur des Schreis des „plebs [sic!]“[62]. Alain Brossat, von dem er das Konzept entlehnt, versteht darunter diejenigen Menschen, die sich den neoliberalen Subjektivierungsstrategien[63] entziehen und diesen Strategien mit Schweigen, Verweigerung und Schreien begegnen. Die Plebs sind eine Masse: „Sie ist eine Plebs in diesem spezifischen Sinne, nicht weil sie eine Opfergruppe darstellt, sondern weil alles, was sie tut oder erduldet, dem *Verschwinden* geweiht ist.“[64] Brossat hat die aufgebrachten Jugendlichen der französischen *banlieues* im Blick. Ihr Schrei ist kein organisierter Protestruf, sondern die minimale Kommunikation, die letztlich die Verweigerung von Kommunikation bedeutet. Brossat verweist aber darauf, dass die Plebs in der kapitalistischen Gesellschaft auch indirekt eine Rolle zugesprochen bekommen kann, selbst wenn sie sich nicht subjektivieren lässt. Sie stellt nämlich nicht nur die Verweigerung der Kommunikation mit „den Herr-

60 Ebd. 60 und Metz: Glaube, 3.

61 Ebd. 66 f.

62 Ebd. 62. Ramminger bezieht sich auf Alain Brossat.

63 Bei Brossat liegt ein Subjekt- bzw. Subjektivierungsverständnis vor, das die Subjektivierung als Unterwerfung begreift und das sich somit von Badious Verständnis unterscheidet.

64 Brossat, Alain: Plebs invicta, Berlin 2012, 44. Hervorhebung im Original. Zitiert als Brossat: Plebs.

schenden", sondern auch den „*Bruch* im Innern des Volks oder des Proletariats"[65] dar und führt so zu seiner Spaltung. Die Besonderheit des Schreis bzw. der Schreie der Plebs besteht dementsprechend nicht in ihrem genuin emanzipatorischen Charakter – Brossat und Ramminger verweisen auf ihre „sinnlose Gewalt"[66] –, sondern in ihrer Funktion, die Grenzen des kapitalistischen Ganzen aufzuzeigen, ohne sie deshalb jedoch zu überwinden. Vielleicht lässt sich von einer Störung, die durch den Schrei hervorgerufen wird, sprechen. In dieser Störung erkennt Ramminger eine Unterbrechung, die das Potential eines Ereignisses in sich birgt – Badiou würde von einer Ereignisstätte sprechen. Aber ob solche Unterbrechungen tatsächlich zu einem Ereignis führen, lässt sich, Badiou zufolge, erst im Nachhinein bestimmen. Die Aufgabe der Theologie besteht, so Ramminger, deshalb nicht in der Trauerarbeit, sondern im Festhalten und Postulieren an der Hoffnung, dass Ereignisse weiterhin möglich sind.[67] Er hebt – im Unterschied zu Badiou – hervor, dass solche Ereignisse theologisch auch „Heilsereignisse"[68] genannt werden können und selbst die Möglichkeitsbedingung, die beispielsweise im Schrei der Plebs besteht, wiederum als durch die Gnade Gottes bedingt verstanden bzw. geglaubt werden kann.

Angesichts der effektiven Realisierung eines wahren bzw. paulinischen Universalismus, der dem Kapitalismus, Nationalismus und Kulturalismus etwas entgegensetzen könnte, ist eine differenzierte Ereignis- und Subjekttheorie, wie sie Badiou liefert, hilfreich, wie die Diskussion um das Buch „Die Welt anders" zeigt. In undeutlichen Situationen, in denen das Weitermachen in Frage steht, kann Badiou grundsätzliche Kategorien anbieten, um sich in diesen Situationen zu verorten. Badious Ereignistheorie kann darauf verweisen, dass die Welt, Situationen, z.B. der neoliberale

65 Brossat: Plebs, 47. Hervorhebung im Original.

66 Ramminger: Große Erzählung, 62.

67 Ebd. 67.

68 Ebd. 66.

Kapitalismus, nicht als hermetisch abgeschlossen gedacht werden müssen. Seine Universalismustheorie ermöglicht ergänzend, in der aus der prinzipiellen Öffnung entstandenen Vielfalt einen Zusammenhang herzustellen. Insofern Universalismus einen Träger braucht und auf die Tätigkeit eines Subjekts angewiesen ist, ist dieser Herstellungsprozess ein praktischer und materieller. Dieser kann sich beispielsweise in Institutionen, Netzwerken, Versammlungen, Deklarationen usw. niederschlagen. Paulinischer Universalismus in diesem Sinne ist eine politische Angelegenheit.

Theologie und Praxis

Im gesamten Kapitel 5 erörtere ich, wie mit Badious Philosophie theologische Themen besser verstanden werden können und versuche Begegnungs- und Anknüpfungspunkte zwischen seiner Philosophie und der Politischen Theologie von und im Anschluss an Metz herauszustellen. Zum Abschluss des Kapitels untersuche ich die Funktion von Theologie und Theorie angesichts von Badious Universalismus- und Subjekttheorie. Es handelt sich dementsprechend um eine Reflexion der theoretischen Arbeit. An verschiedenen Stellen habe ich bereits auf das Anliegen der Kritikfähigkeit bzw. des kritischen Potential von Badious Philosophie hingewiesen und umgekehrt aufgezeigt, wann und wie Theorie ihr kritisches Potential verlieren kann. Es ging darum, dass Theorie eine Distanz zu vorherrschenden Denkmustern entwickeln muss. Das gelingt ihr dann, wenn sie vorherrschende Denkmuster erkennt und analysiert, wie ich es beispielsweise am Begriff der Entscheidung in Kapitel 4 aufgezeigt habe. Das gilt für die Theorie im Allgemeinen wie für die Theologie im Konkreten. Ist mit der Kritikfähigkeit das Anliegen von Badious theoretischer Arbeit schon ausgeschöpft? In mehreren seiner Arbeiten unternimmt Badiou den Versuch eine „materialistische Dialektik“[69] zu entwi-

69 Badiou: LdW, 20 und öfter.

ckeln. Was bedeutet Materialismus in diesem Zusammenhang? Wie verhält sich seine Philosophie zur „Welt", zu den gesellschaftlichen Verhältnissen? Es geht um die Frage nach dem Verhältnis von Theorie bzw. Theologie und Praxis. Um Badious Verständnis deutlicher herauszukristallisieren und um Verbindungen aufzuzeigen, werde ich zuerst zwei Ansätze Politischer Theologie darstellen: den von Johann Baptist Metz und den von Kuno Füssel.[70]

Seit den 1960er Jahren ist es das Anliegen von Johann Baptist Metz eine nachidealistische, politische Theologie zu entwickeln. Metz sieht das Programm der Politischen Theologie mindestens in der Doppelfunktion, einerseits kritisches Korrektiv gegenüber bestehenden bürgerlichen Theologien zu sein, andererseits „als Versuch, die eschatologische Botschaft unter den Bedingungen unserer gegenwärtigen Gesellschaft zu formulieren"[71]. Dazu analysiert er die damals gegenwärtigen Theologien auf ihr kritisches bzw. ihr fehlendes kritisches Potential gegenüber der Gesellschaft, die Rolle der Kirche als Institution in dieser Gesellschaft sowie die Aufgabe der ChristInnen gegenüber den bestehenden politisch-sozialen Bedingungen. Diese Doppelfunktion gehört für Metz zu einer politischen Theologie, die er auch praktische Fundamentaltheologie, nachidealistische oder dialektische Theologie nennt.

> Politische Theologie ging immer davon aus, dass die Wende zum Primat der Praxis in der Philosophie (Kant, Aufklärung – Marx) als deren eigentliche kopernikanische Wende anzusehen sei, und dass es demnach von entscheidender Bedeutung sein müsste, das Konstitutionsproblem theologischer Vernunft nicht einfach „diesseits des Idealismus" zu lösen, sondern den Versuch zu machen, „jenseits des Idealismus" Theologie zu treiben und – zu bleiben.[72]

70 Eine ausführlichere Diskussion zur Politischen Theologie führe ich in Geitzhaus: Karl Marx.

71 Metz, Johann Baptist: Zur Theologie der Welt, Mainz-München ²1969, 99.

72 Metz, Johann Baptist: Glaube in Geschichte und Gesellschaft. Studien zu einer praktischen Fundamentaltheologie, Mainz ²1978, 49 f. Zitiert als Metz: GGG.

Metz betont aber, dass nicht die vermeintlich richtige politische Haltung der jeweiligen politischen Theologie als Legitimationskriterium gelten darf, sondern ihre theologische. Das heißt, „dass die politische Tendenz einer politischen Theologie nur dann stimmt, wenn auch ihre theologische stimmt – und nicht umgekehrt"[73]. Doch insofern eine so verstandene Theologie ihren Inhalt als praktisch wahrnimmt, muss sie sich notwendig in Geschichte und Gesellschaft verorten und sich dazu in ein kritisches Verhältnis setzen.

Im Anschluss an Johann Baptist Metz greift Kuno Füssel das Konzept einer nachidealistischen, politischen Theologie auf und entwickelt es zu einem Verständnis von Theologie als einer „materialistische[n] Theorie messianischer Praxis"[74] weiter. Füssel zeigt die Verwobenheit von Glaubenssätzen, biblischen Texten sowie der reflektierenden Theologie in die gesellschaftliche Praxis auf. Diese Verwobenheit bedeutet, dass jegliche Sprache von gesellschaftlicher Arbeitsteilung geprägt ist. So hat Sprache die Funktion Produktions- und Reproduktionsprozesse zu strukturieren:

> Die soziale Kommunikation wird daher durch die Notwendigkeit der Arbeit als deren gesellschaftliche Bedingung auch zum wesentlichen Konstituens gesamtgesellschaftlicher Produktion und Reproduktion. Gleichzeitig wird aber die Sprache in diesem Prozess erst erworben und als die Individuen untereinander verbindendes Medium entwickelt.[75]

Den Begriff „Materialismus" begreift Füssel im Anschluss an die „Thesen über Feuerbach" von Karl Marx nicht als metaphysischen Materialismus, in dem allein der Materie „Realitätscharakter zugebilligt"[76] werde, sondern als praktischen Materialismus. Das heißt, dass Füssel wie Marx von der gesellschaftlichen Praxis und vor al-

73 Metz: GGG, 44.

74 Füssel: Sprache, 157 und 146-150.

75 Füssel: Sprache, 162.

76 Ebd. 165.

lem von der „umwälzende[n] Praxis“[77] ausgehen, um Theologie bzw. Theorie zu entwickeln. Theologie wird dann für Füssel als theoretische Praxis im Anschluss an Bertolt Brecht zum „eingreifenden Denken“[78].

Was versteht Badiou unter Materialismus? In seinem Paulusbuch spricht er von einem „Materialismus der Gnade“, der in

> der einfache[n] und starke[n] Idee [besteht], dass jedes Dasein irgendeinmal von dem, was ihm geschieht, durchdrungen werden und sich daraufhin dem widmen kann, was für alle gilt, oder wie Paulus es großartig sagt, „allen alles zu werden“ – τοίς πάσιν γέγονα πάντα (1. Kor. 9,22)[79].

Die Passage wird von Badiou nicht ausgeführt. Es deutet sich jedoch an, dass es Badiou darum geht, dass etwas Bestehendem, jedem Dasein, einem oder mehreren Menschen, ein Ereignis widerfahren können sollte, woraus der Mensch bzw. die Menschen zu einem Subjekt in universaler Ausrichtung (für alle) werden. Um sein Materialismuskonzept besser zu verstehen, ist es hilfreich, über sein Paulusbuch hinauszugehen.

Badious Materialismusverständnis weist zu dem der Politischen Theologie, insbesondere zu Füssels Variante, einige Gemeinsamkeiten auf. Grundsätzlich gilt auch für Badiou die Einsicht, dass es der materialistischen Theorie um die Veränderung der Welt geht.[80] Veränderung wird bei Badiou nicht als kontinuierlicher Prozess, der nach Gesetzmäßigkeiten abläuft, verstanden. Damit wendet er sich gegen eine mögliche statische Marx-Interpretation, wie sie beispielsweise Bruno Bosteels zu vertreten scheint. Bosteels weist auf zwei verschiedene Begründungsmuster für Veränderungsprozesse hin. Marx‘ Vorwort zum Text „Zur Kritik der politischen Ökonomie“ von 1859 analysierend schreibt Bosteels:

---

77 Karl Marx zitiert nach Ebd. 149.

78 Ebd. 150.

79 Badiou: Paulus, 84.

80 Zum Hintergrund: Bosteels: Werdegang, 17-30 und 113-144.

> Für Marx können wir zum Beispiel sagen, dass eine Veränderung in der sozialen Ordnung nur dann eintritt, wenn die Bedingungen bereits gereift sind, um ihre Entfaltung zu ermöglichen.[81]

Eine Veränderung tritt demnach nicht plötzlich ein, sondern erst wenn bestimmte Bedingungen dafür erfüllt sind. So ist nach Marx ein bestimmtes Niveau der Produktivkräfte im Kapitalismus erforderlich, das die notwendigen Bedürfnisse befriedigen kann und das auf Grund des technischen Entwicklungsstands die notwendige Arbeitszeit möglichst gering hält, um zum „Reich der Freiheit“[82] zu gelangen. Die kapitalistische Gesellschaft birgt demnach bereits das Potential zu einer nachfolgenden Gesellschaftsformation in sich.

Badiou vertritt ein anderes Konzept: Mit seiner Ereignis- und Subjekttheorie weist er gerade auf die aleatorischen Momente, die Veränderungsprozesse anstoßen, hin. Dabei unterscheidet er zwischen Natur und Geschichte. Die Natur bzw. eine natürliche Situation ist ein beständiger, sich nicht verändernder Zustand. Geschichte ist hingegen das, was etwas Neues, ein Ereignis, ermöglicht. Eine geschichtliche Situation ist dementsprechend eine „Ereignisstätte“, der Ort, an dem ein Ereignis stattfinden kann. Für Badiou geschieht Geschichte dort, wo Veränderung beginnt; jedoch nicht als eine einzige Geschichte, sondern als so vielfältig, wie Ereignisse geschehen.[83] Badious Geschichtsverständnis kann hier nicht ausführlich behandelt werden. Es sei nur darauf hingewiesen, dass der Vorwurf gegen Badiou, eine ungeschichtliche Theorie zu entfalten, nicht greift, wie es Power andeutet. Sie nennt seine Subjekttheorie ahistorisch. Dabei müsste sie jedoch zuerst sein Geschichtsverständnis kritisieren, um zu dieser Aussage zu gelangen.[84]

---

81 Ebd. 134.

82 Marx, Karl/Engels, Friedrich: Das Kapital, Band 3, in: Marx-Engels-Werke (MEW) Band 25, Berlin [16]2008, 828.

83 Badiou: SuE, 215 f.

84 Power: Subjekt, 238.

Bosteels stellt sogar heraus, dass nach Badiou „der Prozess der Veränderung, der durch ein Ereignis ausgelöst wird, in keiner Weise voraus[setzt], dass die Prämissen des Neuen im Alten bereits präsent sein sollten, nicht einmal latent“[85]. Eine Veränderung ist nach Badiou nicht auf ein Potential angewiesen. Bosteels nimmt dabei Bezug auf eine Formulierung aus Badious „Die kommunistische Hypothese“, die nach seinem Paulusbuch veröffentlicht wurde. Badiou formuliert dort:

> In Bezug auf die Situation oder die Welt eröffnet ein Ereignis die Möglichkeit dessen, was vom strikten Gesichtspunkt der Komposition dieser Situation oder der Legalität dieser Welt aus buchstäblich unmöglich ist.[86]

Im Fall der Marx-Interpretation von Bosteels wird Veränderung also ausgehend von einem Potential, dass sich verwirklicht, gedacht, im Fall von Badiou schafft ein zufällig auftretendes Ereignis den Beginn einer Veränderung. Frank Ruda weist in seiner Badiouinterpretation darauf hin, dass die Fokussierung auf die Möglichkeiten, diese naturalisiere. Doch damit gehe auch die Naturalisierung der (politisch notwendigen) Unmöglichkeiten einher[87], weshalb Veränderung als „Möglichkeit der Unmöglichkeit“[88] interpretiert werden müsse.

Bosteels kommt zu dem Schluss, dass Badiou gegenüber Marx ein anderes, neues Verständnis von Veränderung entwickeln will. Es gehe Badiou um eine „völlig[e] Neubegründung der Kategorien der Möglichkeit und der Unmöglichkeit, der Potentialität und der Aktualität, ja sogar der Notwendigkeit und der Kontingenz“[89]. Für diese Neubegründung argumentiert Badiou ontologisch und nimmt dafür die Mathematik in Anspruch. Für ihn ist die Mathe-

85 Bosteels: Werdegang, 135.

86 Badiou: Hypothese, 162.

87 „Starting with the possible means naturalizing it and also naturalizing the impossibilities it specifically encounters.“ Ruda: For Badiou, 113.

88 Ebd., 115.

89 Bosteels: Werdegang, 135.

matik Ontologie, das heißt, dass er die Mathematik als Wissenschaft vom Sein definiert.[90] Die Mathematik ermöglicht es, das Sein mithilfe der Mengenlehre als Vielheit von Vielheiten zu beschreiben. Eine Situation ist eine präsentierte Vielheit, das heißt eine, die als Eins gezählt wird. Nach Badiou hat jede Situation wiederum eine Struktur, die er Verfassung der Situation nennt. Der Staat (*État*) ist dann die Menge der von der Verfassung strukturierten, das heißt gezählten Teilmengen der Situation, was bereits in Kapitel 3 „Schritt 1: Die Entstehung des Subjekts" dargelegt wurde. Dieser Staat/*État*/Status quo ist für Badiou das, was verändert werden kann und soll. Dieses Konzept nennt er auch in einer etwas eigenwilligen Begrifflichkeit eine „materialistische Dialektik". In seinem Dialektikverständnis bedeutet die Dialektik das Hinzufügen eines weiteren Elements in das bereits bestehende Eine, den *État*. Das weitere Element ist die Wahrheit, die die praktischen Konsequenzen aus einem Ereignis hervorbringen. Badiou spricht diesbezüglich von einer „Ausnahme"[91] der Wahrheit gegenüber dem Bestehenden. Die Hinzufügung bzw. Ausnahme führt gleichzeitig zu einer Teilung des Bestehenden.[92]

Der Theorie bzw. seiner Philosophie kommt demnach die Funktion zu, die Möglichkeiten zu denken, wie Veränderungsprozesse ablaufen können. Er konstruiert damit ein denkerisches Raster. Die Bedeutung dessen, wie Veränderungsprozesse funktionieren können, ob sie überhaupt noch möglich sind, ist an dem praktischen Beispiel der Diskussion um das Buch „Die Welt anders" von Ton Veerkamp bereits deutlich geworden. Die beiden gegenüberstehenden Positionen dieser Diskussion, Veerkamp (Boer) und Ramminger (Füssel), lassen sich zwar nur eingeschränkt auf die von Bosteels vorgenommene Gegenüberstellung

90 Badiou: SuE, 18 f.

91 Badiou: LdW, 21.

92 Badiou: LdW. 20 f. Und Badiou: TS, 21-78. Den Begriff der Dialektik verhandelt Badiou in seinem gesamten Werk. Eine detaillierte Darstellung würde den Rahmen dieser Arbeit sprengen.

von Marx und Badiou übertragen – Ramminger bedient sich Badious Ansatz, Veerkamp erkennt anders als Badiou oder Marx keine Veränderungsmöglichkeiten mehr. Der zentrale Punkt ist aber in diesem Zusammenhang die prinzipielle Differenzierung innerhalb des Denkens von Veränderungsprozessen. Damit leistet Badious Philosophie nicht nur einen rein theoretischen Beitrag – wenn es denn so etwas überhaupt gibt –, sondern sie lässt sich, in Anlehnung an Füssels Sprachanalyse, in eine umfangreichere Praxis der Weltveränderung einweben:

> Das Zeichen [eines Texts, P.G.] macht die Realität erst mitteilbar. Im Text als Kombination von Zeichen wird die Realität neu zusammengefügt, die vorher unüberschaubar vorhandene Welt wird zur lesbaren, d.h. überschaubaren Text-Welt. [...] Im Text zeigt sich nicht nur die Lesbarkeit und Verstehbarkeit, sondern auch die Veränderbarkeit der Welt.[93]

Füssel spricht deshalb auch von der „theoretischen Praxis" und bezeichnet sogar „Text" selbst als Praxis. Indem Badiou seine Philosophie als Theorie der Veränderung immer wieder an Beispiele, wie an den Apostel Paulus, knüpft, kann sie eine prinzipielle Plausibilität erlangen, auch wenn Veränderung im emphatischen Sinn außerhalb der individuellen Erfahrung liegt, wie Ramminger und Veerkamp beide betonen müssen, wenn sie von der Niederlage oder vom Scheitern sprechen.

Im Gegensatz zu Metz, Füssel oder Ramminger, die ihre Theologie als eine politische verstehen und deklarieren, möchte Badiou seine Philosophie dennoch nicht als „politische" Philosophie gekennzeichnet wissen: „Eine Grundnotwendigkeit des gegenwärtigen Denkens besteht darin, mit der ‚politischen Philosophie'

93 Füssel, Kuno: Der NAME und das Nichts. Linguistische und epistemologische Überlegungen zu „Die Welt ist anders" von Ton Veerkamp, in: Boer, Dick/Füssel, Kuno/Ramminger, Michael (Hg.): Was verdrängt, aber nicht ausgelöscht werden kann. Diskussion über das Schicksal der Großen Erzählung, Münster 2014, 69-94, hier 81. Zitiert als Füssel: Der NAME. Grundsätzlich: Füssel: Zeichen.

Schluss zu machen."[94] Er sieht die Gefahr, dass sich die Politik einerseits in Philosophie ausdrücken und die Philosophie wiederum eine normengebende Analyse der Politik darstellen könnte. Badiou will für beide Bereiche ihre jeweilige Autonomie bewahren. Geht man von einem umfangreichen Praxisverständnis aus, ist diese Autonomie natürlich nur relativ. Jedoch darf, so Badiou, die philosophische Praxisform, die im Argumentieren, Schreiben usw. besteht, nicht die Praxisform der Politik vorgeben:

> Mit der „Kommunizierbarkeit" wird unterstellt, dass die Pluralität der Meinungen nicht so breit ist, dass nicht doch Homogenes zwischen ihnen anzunehmen wäre. Jeder weiß jedoch aus Erfahrung, dass das ungenau ist, dass man mit einer *wirklich* anderen Meinung nicht diskutiert […].

Badiou verweist an dieser Stelle auf die Politik der Nazis und er folgert: „man kann sie allenfalls bekämpfen."[95] Hier sind zwei Aspekte zu beachten. Badiou gibt einerseits einen inhaltlichen Grund für die Wahrung der verschiedenen Praxisformen an, der in der Anerkennung absolut gegensätzlicher Positionen besteht. Andererseits ist schon die Form der Praxis von Bedeutung. Kommunikation und Meinungsaustausch sind eine bestimmte Praxisform, zum Beispiel der Philosophie, die nicht automatisch die der Politik sein muss (oder kann). Mit der Forderung nach Kommunizierbarkeit wird der Politik, so Badiou, eine Praxisform oktroyiert. Eine Politik soll, so Badiou, immer ihre eigenen Mittel und Formen entwickeln (dürfen). Umgekehrtes gilt für die Philosophie. Letztere funktioniert aber nicht losgelöst von der Politik (bzw. der Liebe, der Wissenschaft und der Kunst). Sie bietet begriffliche und denkerische Strukturen an, die helfen sollen, Ereignisse und Wahrheiten als solche zu erkennen und zu benennen. Darüber hinaus setzt sie Wahrheiten und Ereignisse in ein Verhältnis zueinander.

94 Badiou: Metapolitik, 25.
95 Ebd. 35. Hervorhebung im Original.

> Es ist der besondere Einsatz der Philosophie, einen vereinheitlichten, begrifflichen Raum anzubieten, in dem die Benennungen der Ereignisse, die Ausgangspunkt der Wahrheitsverfahren sind, *sich niederlassen.*[96]

Das hindert aber einen Philosophen nicht politischer Aktivist zu sein, was für Badiou selbst zutrifft.[97]

In dieser Funktion treffen sich Politische Theologie und Badious Philosophie. Beide arbeiten daran, Veränderung theoretisch zu denken. Veränderung zu denken, bedeutet gleichzeitig, ihre Möglichkeit begrifflich zu antizipieren. In der Politischen Theologie von Füssel und Ramminger wird noch deutlicher hervorgehoben, dass diese Form der theoretischen Praxis – als eingreifendes Denken – in einen umfangreicheren Praxiszusammenhang[98] verwoben ist bzw. verwoben sein kann. Gemeint ist eine Praxis oder ein Praxiszusammenhang, der auf die emanzipatorische Veränderung des Bestehenden aus ist. Die bewusste Einbettung in eine solche Veränderungspraxis macht eine Theorie bzw. Theologie zu einer materialistischen. Umgekehrt gilt natürlich auch, dass Theorie und Theologie von anderen Praxisformen beeinflusst werden und von diesen abhängig sind, wie es Badiou betont. Die Differenzierung der verschiedenen Praxisformen sowie das Verständnis ihres Zusammenhangs hilft meines Erachtens, die jeweiligen Praxisformen nicht zu überhöhen. Die theoretische Praxis ersetzt nicht die politische und umgekehrt, auch wenn sich die Theorie oder Theologie als eine politische versteht, sondern sie wirken zusammen und ineinander.[99] Auf Grund dieses Zusammen- und In-

---

96 Badiou: Manifest, 20.

97 Hallward, Peter: Gleichheit und Gerechtigkeit. Badiou und die Politik, ein Nachwort, in: Badiou: Metapolitik, 163-191.

98 Füssel unterscheidet im Anschluss an Althusser mindestens vier Praxisformen: die ökonomische, die politische, die ideologische und die theoretische Praxis. Vgl. Füssel: Zeichen, 77-83.

99 Manche BefreiungstheologInnen verwenden deshalb die Unterscheidung von Befreiungschristentum und Befreiungstheologie, um aufzuzeigen, dass die Theologie ein Teil des Befreiungschristentums ist. Diese Unterschei-

einanderwirken lassen sich die verschiedenen Praxisformen im Konkreten auch nicht immer voneinander lösen, was insbesondere für die unmittelbar sprachliche politische Praxis der Rede gilt. Meines Erachtens hilft für eine genauere Differenzierung diesbezüglich der Vorschlag von Julia Lis und Benedikt Kern, von der prophetischen Rede zu sprechen. Damit meinen sie eine „wirkmächtig[e], Gerechtigkeit schaffend[e], wirklichkeitsverändernd[e] Sprache“[100] im Anschluss an die ProphetInnen Israels. Diese Sprache wäre eine spezifische Form der ideologischen Praxis nach Füssel bzw. Althusser und eine sprachliche Praxis, die sich noch einmal von der theoretischen Praxis unterscheiden könnte. Mit dem Anliegen, einen Universalismus zu begründen bzw. die eigene Theorie und Theologie in universaler Absicht zu formulieren, wird die theoretische Praxis wie die Praxis überhaupt mit einem Kriterium ausgestattet. Denn der universale Anspruch richtet sich auch an die jeweilige Praxis. Ist eine politische oder theoretische Praxis nicht universalisierbar, steht ihre Geltung in Frage. Die Adressierung „an alle“ bietet auch allen die Möglichkeit der Kritik anhand dieses Kriteriums.

Im dritten Kapitel „Paulus als Vermittlung, Theoretiker und Beispiel“ habe ich herausgestellt, dass Paulus in Badious Lektüre unter anderem die Funktion eines Beispiels erhält. Badiou will mit Paulus ein Beispiel für einen gelungen Subjektwerdungsprozess

dung ist auch als Selbstkritik gegenüber der (Befreiungs-)Theologie formuliert. Vgl. Moreira, Alberto da Silva: Lateinamerikanische Befreiungstheologie. Oder wie kann man ChristIn sein in einer Welt voller Ungerechtigkeit, in: Arntz, Norbert/Geitzhaus, Philipp/Lis, Julia (Hg.): Erinnern und Erneuern. Provokation aus den Katakomben, Münster 2018, 143-173, hier 144. Auch Löwy, Michael: Der Marxismus der Theologie der Befreiung, in: Ramminger, Michael/Segbers, Franz (Hg.): „Alle Verhältnisse umzuwerfen ... und die Mächtigen vom Thron zu stürzen.“ Das gemeinsame Erbe von Christen und Marx, Hamburg-Münster, 209-217, 209.

100 Kern, Benedikt/Lis, Julia: Prophetische Rede, prophetische Orte. Um „Gottes Willen“ Anklage erheben, in: Institut für Theologie und Politik (Hg.): Rundbrief 42, Münster 2015, 10.

geben und so Menschen anregen, sich auch in bereits bestehende Subjekte in seinem Sinne zu inkorporieren oder wachsam für neue Ereignisse und neue Subjekte zu sein. Das Paulusbuch kann somit auch als Veranschaulichung der begrifflichen Kategorien zu Veränderungsprozessen interpretiert werden.

6. Rekapitulation

In dieser Arbeit habe ich Alain Badious Pauluslektüre und ihre Relevanz für die Politische Theologie untersucht. Badiou hat mit seiner Lektüre eine Diskussion über Paulus in der zeitgenössischen Philosophie eröffnet, an der sich unter anderem Giorgio Agamben und Slavoj Žižek beteiligt haben. In der Auseinandersetzung mit der (Dis-)Qualifizierung der genannten Autoren als postmoderne Philosophen und dem Begriff der Postmoderne konnte ich aufzeigen, dass letzterer ohne eine deutliche Bestimmung des Begriffs für die theoretische Einordnung der Autoren nicht hilfreich ist. Aus diesem Grund habe ich diese Qualifizierung in diesem Buch auch nicht vorgenommen. Darüber hinaus äußert Badiou selbst immer wieder Kritik an „der" Postmoderne. Eine ausführlichere Auseinandersetzung mit seinem Verständnis von Postmoderne würde sich anbieten.

Mit der knappen Darstellung der Pauluslektüren von Agamben und Žižek konnte ich erste Unterschiedlichkeiten der Positionen darstellen. Letzterer vertritt mit seiner Lektüre einen starken Universalismusbegriff, Agamben hingegen führt eine deutliche Universalismuskritik durch. Die Motive der Autoren, sich auf Paulus zu beziehen, sind mehrschichtig. Es geht ihnen einerseits um eine politische Interpretation der Figur des Paulus. Weiterhin ist die Auseinandersetzung mit Paulus und der Rückgriff auf das Christentum keiner bloßen Willkür oder insgeheimen Wende zur Religion geschuldet, sondern die Autoren bemühen sich auch um ein tiefergehendes Verständnis des Christentums im Allgemeinen und Paulus im Besonderen. Das Hauptinteresse der Autoren liegt jedoch in der politisch-philosophischen Auseinandersetzung um den Begriff des Universalismus, wie es vor allem Dominik Finkelde treffend analysiert hat. Für Badiou konnte die Frage nach dem Interesse am und der Funktion des Paulus intensiver diskutiert werden. Detailliertere Analysen der Lektüren von Agamben und Žižek konnten und sollten in dieser Arbeit nicht vorgenommen werden, denn mein Anliegen war es, eine einzelne Position im Detail zu analysieren, um diese deutlicher nachzuvollziehen. Insofern Badiou als Initiator der zeitgenössischen philosophischen Paulusrezeption interpretiert werden kann, habe ich ihn für die Analyse ausgewählt. Badiou kann in diesem Sinn als Repräsentant dieser Diskussion und eines bestimmten Universalismusverständnisses betrachtet werden.

In einem zweiten Schritt (Kapitel 3) habe ich den Argumentationsgang von Badious Paulusbuch im Hinblick auf den Universalismusbegriff analysiert. In seinem Buch wird jedoch vorerst eine umfangreiche Theorie des Subjekts anhand der Figur des Paulus dargelegt. Meine Untersuchung hat gezeigt, dass und inwiefern Badious Subjekt- und Universalismustheorie zusammenhängen. Das Subjekt wird von ihm als Träger einer universalen Botschaft, die sich an alle richtet und deshalb universal genannt werden kann, entwickelt. Doch das Subjekt ist nicht bereits gegeben, sondern es entsteht durch ein zufälliges Ereignis.

Im dritten Kapitel bin ich auch auf Badious politisches Interesse und seine Gesellschaftsanalyse eingegangen. Beides expliziert er im ersten Teil seines Paulusbuchs. Mit seinem Buch wendet er sich gegen ein bestimmtes Identitätskonzept, das Identitäten als Abgrenzung zu anderen Identitäten versteht. Diese sieht er einerseits im aufkommenden französischen Nationalismus der 1990er Jahre und andererseits in einer „pluralistischen" Variante gegeben. Beide Varianten führt er jedoch als ideologische Entsprechungen des gegenwärtigen Kapitalismus auf die globalisierte „monetäre Abstraktion" zurück. Angesichts seiner Auseinandersetzung mit dem französischen Nationalismus erfährt sein Buch auch gegenwärtig eine Aktualität, in einer Zeit, in der nationalistische Parteien und Bewegungen an Zulauf und gesellschaftlichem Einfluss gewinnen. Badiou knüpft sein politisches Interesse an eine Gesellschaftsanalyse. Er legt zwar keine ausführliche Gesellschaftsanalyse vor, bietet jedoch eine in sich kohärente Gegenwartsdiagnose an. Zu einer besseren Einordnung der nur knapp skizzierten Gegenwartsdiagnose, habe ich weitere Veröffentlichungen von Badiou hinzugezogen. Insbesondere habe ich sein Verhältnis zu Marx bzw. zum Marxismus thematisiert und festgestellt, dass er entgegen der Behauptung mancher KritikerInnen durchaus ein differenziertes Verständnis vom Marxismus vertritt und in diesem Aspekt nicht nur oberflächlich verfährt. Sein Marxismusverständnis ist auch im fünften Kapitel im Hinblick auf den Begriff der Veränderung – wenigstens ansatzweise – erörtert worden. Dort konnte ich aufzeigen, dass er Marxismus als den Diskurs zur Unterstützung eines politischen Subjekts und weniger als Theorie von ökonomischen Gesetzmäßigkeiten bzw. nicht als kritische Gesellschaftstheorie versteht. Dieser Aspekt ist kein nebensächlicher, da dieser meines Erachtens erst die Funktion des Subjekts verständlich macht. Wenn Badiou vom Subjekt spricht, geht es dabei um das Subjekt der Veränderung und das heißt um den Agenten des Neuen.

Eine detaillierte Analyse seines Subjektbegriffs im Hinblick auf sein Universalismusverständnis habe ich im dritten Kapitel anhand von vier Schritten vorgenommen. Die Lektüre seines Paulusbuchs hat ergeben, dass Badiou seine Darlegung des Paulinischen Universalismus in vier Schritte untergliedert, die er in der Einleitung seines Buchs zwar nennt, die sich aber nicht explizit in der Gliederung seines Buchs niedergeschlagen bzw. wiederfinden lassen. Die vier Schritte bestehen (1.) in der Darlegung der Entstehung eines Subjekts, (2.) der Neuheit eines Subjekts gegenüber dem Bestehenden, (3.) der Funktion des Subjekts Träger einer Wahrheit zu sein und (4.) der Adressierung des Subjekts „an alle". Ein wichtiges Ergebnis ist, dass Badiou Aktivität und Passivität des Subjekts in seinem Entstehungsmoment (dem Ereignis) miteinander verknüpft.

Die Analyse des Universalismusbegriffs hat mich zu der Frage geführt, warum sich Badiou überhaupt auf Paulus bezieht. Welche

Funktion erhält Paulus in seinem Buch? Dabei konnte ich mindestens drei Funktionen herauskristallieren: 1. Paulus wird als Vermittlung für gegenwärtige politische Fragen verwendet. Das heißt, Paulus funktioniert als eine Abstraktion, mit deren Hilfe die Suche nach aktuellen politischen Akteuren der Veränderung unterstützt werden soll. 2. Paulus wird als Theoretiker eines bestimmten Universalismusverständnisses begriffen. In diesem Sinne habe ich den Titel dieses Buchs auch „Paulinischer Universalismus" genannt – ein Begriff, den Badiou selbst nicht explizit verwendet. Der paulinische Universalismus zeichnet sich durch seine Relativierung von bestehenden Identitäten, wie beispielsweise der nationalen Identität, aus. Die jeweiligen Identitäten sollen gegenüber einer gemeinsamen Botschaft oder Idee mindestens relativiert, wenn nicht aufgegeben werden. Im Paulusbuch ist es die Botschaft, dass Christus auferstanden ist und alle Menschen zu „Söhnen" werden sollen. Badiou ist in diesem Aspekt nicht eindeutig, denn er klärt nicht abschließend, ob der Universalismus eine Relativierung oder eine Aufgabe von Identitäten bedeutet. Paradigmatisch für den Paulinischen Universalismus steht die berühmte Passage aus dem Brief an die Galater (3,28). Doch auch hier bleibt für Badiou letztlich offen, ob die Tatsache, dass es dann weder Mann noch Frau, weder Sklave noch Freier, weder Jude noch Grieche gibt, Relativierung oder absolute Aufgabe der Identitäten bedeutet. Es lässt sich jedoch festhalten, dass sie nicht mehr von Interesse für Badiou und seinen Universalismus sind. 3. Die dritte Funktion des Paulus in Badious Lektüre ist die des Beispiels. Ich habe argumentiert, dass Badiou mit seinem Buch zur Teilnahme an bzw. Inkorporierung in bestehende Subjekte anregen will. Dem liegt der Gedanke zu Grunde, dass ein Subjekt nicht mit einem einzelnen Individuum identisch ist, sondern dass ein Subjekt ein einzelnes Individuum übersteigt. Subjekt kann das genannt werden, was sich in treuer Praxis zum Ereignis befindet und solange es diese Treue praktiziert. Dementsprechend muss nicht für jedes Individuum ein Ereignis geschehen, damit dieses zum Subjekt werden kann, sondern ein Individuum kann sich in bestehende Subjekte inkorporieren. Die Kirche wäre in diesem Sinne Subjekt und nicht das Individuum Paulus. Badiou verwendet jedoch Eigennamen in der Regel als Repräsentanten für ein ganzes Subjekt, das in den meisten Fällen aus einem Kollektiv besteht.

Im vierten Kapitel habe ich mich von Badious Argumentationsgang in seinem Buch gelöst und einen systematischen Blick auf das Konzept des Paulinischen Universalismus geworfen. Dabei ging es mir im Wesentlichen um eine Überprüfung seines Subjektbegriffs. Denn die Kohärenz des Subjektverständnisses ist auch Bedingung für ein kohärentes Universalismusverständnis. Ich habe sein Subjektverständnis des Paulusbuchs vor dem Hintergrund seiner ausführlicheren Subjekttheorie aus „Das Sein und das Ereignis" und „Logiken der Welten" diskutiert. Dort unterscheidet Badiou vier Subjekttypen. So gibt es einen Typus der Liebe, der Wissenschaft, der Politik und der Kunst. In seinem Paulusbuch vergleicht Badiou Paulus mit Lenin, sodass ich die Frage gestellt habe, ob Paulus (bzw. die Kirche) dem Subjekttyp der Politik zugeordnet werden kann. Badiou geht davon aus, dass der Inhalt des Christentums und dementsprechend der Inhalt der Paulusbriefe eine Fabel ist. Aus diesem Grund kann er Paulus nicht als politisches Subjekt begreifen. Dennoch hat die Analyse gezeigt, dass die formalen Aspekte des Paulus, das heißt die Form seiner Praxis, ausreichen, um ihn mit Lenin zu vergleichen und dass er somit Ähnlichkeiten zu einem politischen Subjekt aufweist. Letztendlich wird sein Status bei Badiou jedoch nicht abschließend geklärt.

Zentral ist meines Erachtens die Diskussion um den Begriff der Entscheidung in Badious Subjektkonzeption. In der Politischen Theologie und der kritischen Theorie der Frankfurter Schule gibt es eine deutliche Kritik an Theologien und Philosophien, die den Begriff der Entscheidung stark machen. Für die Theologie war es vor allem Bultmann, für die Philosophie Heidegger und Jaspers, die diesen Begriff verwendeten. Die verschiedenen Kritiken begegnen sich an dem Punkt, wo sie den Begriff der Entscheidung als Krisenreflex aufdecken. Entscheidung kann dementsprechend nicht als menschliche Grundkonstante interpretiert werden, sondern muss als notwendige, aber problematische Reaktion auf den wesentlich krisenhaften Kapitalismus ernst genommen werden. Eine so gestaltete Kritik wird zeitweise auch gegen Badious Subjekttheorie geäußert, so beispielsweise von dem von Marx geprägten Philosophen Robert Kurz. Eine Theorie, die auf dem Begriff der Entscheidung aufbaue, verliere auf Grund der Verleugnung oder des fehlenden Bewusstseins davon, krisenhaften Verhältnissen zu entspringen, ihr kritisches Moment gegenüber dem Bestehenden. In einer genaueren Analyse konnte ich zeigen, dass der Begriff der Entscheidung bei Badiou nicht als menschliche Grundkonstante konzipiert ist, sondern den aktiven Part im Entstehungsmoment eines Subjekts begrifflich bestimmen will. Das Subjekt nach Badiou muss sich nicht ständig neu entscheiden, sondern es fällt einmal eine Entscheidung zum Ereignis und zieht daraus Konsequenzen bzw. mit der Entscheidung zum Ereignis wird das Subjekt zum Subjekt. Anders als die Kritik vermutet, liegt keine Flüchtigkeit oder Beliebigkeit in diesem Verständnis. Badious Subjektkonzept ist vielmehr auf Dauerhaftigkeit ausgerichtet, was der Begriff der Treue anzeigt. Ein ausführlicher Vergleich von Badiou, Bultmann und Heidegger würde sich hier anbieten. Badiou bezieht sich immer wieder kritisch auf Heidegger. Es wäre zu fragen, worin genau seine Kritik liegt und worin eine Übernahme von Konzepten Heideggers besteht. Worin liegt die Stärke oder Schwäche seines Umgangs mit Heidegger?

Den letzten Aspekt der systematischen Analyse habe ich dem Universalismusbegriff selbst gewidmet. Badiou entwirft nicht nur einen Paulinischen Universalismus, sondern differenziert zwischen zwei Universalismuskonzepten. Er verwendet dafür auch die Begriffe „wahrer“ und „falscher“ Universalismus. Der „falsche“ Universalismus ist jedoch nicht bloß ein falsches theoretisches

Konzept, sondern existiert in abstrakter Form des Kapitals bzw. des Geldes (als besonderer Ware). Der Paulinische Universalismus ist als Gegenkonzept formuliert. Die falsche Universalität ist eine vereinnahmende Struktur, die Menschen ausbeutet und in Konkurrenz zueinander setzt. Diese Struktur ist auf Grund ihrer Globalität und Äquivalentsetzung universal, jedoch erlaubt sie den Menschen nicht, ein positives Gemeinsames zu setzen. Das Gemeinsame ist lediglich das Geld als besondere Ware, die die Notwendigkeit des Tausches und die damit verbundene Konkurrenz impliziert. Der wahre Universalismus, der sich an alle richtet, zeichnet sich hingegen durch ein Egalitätsprinzip aus.

Das fünfte Kapitel diente der Anknüpfung der Pauluslektüre Badious an die Politische Theologie von und im Anschluss an Johann Baptist Metz. Es ging mir um die Frage, inwiefern Badious Pauluslektüre Relevanz für eine aktuelle Politische Theologie entfalten kann. Dazu habe ich vier unterschiedlich gelagerte Bereiche, die sich aus der Analyse der vorherigen Kapitel ergaben, ausgewählt: 1. die Bedeutung der Universalismusdiskussion für die Verortung der ChristInnen in der gegenwärtigen globalisierten Gesellschaft. 2. die Überlegung, wie sich ein christliches Verständnis von Apokalypse mit Badious Ereignis- und Subjekttheorie vermitteln lässt. 3. eine Auseinandersetzung mit dem möglichen Scheitern von Subjekten angesichts der Kritik an Großen Erzählungen seitens der Postmoderne. 4. eine Reflexion über die Rolle der Theorie und Theologie für eine Praxis des Neuen bzw. der Veränderung, die aus einem Ereignis folgt. Grundsätzlich war mein Anliegen nicht, die Unterschiede hervorzuheben, sondern Gemeinsamkeiten und gegenseitige Ergänzungen zu finden. In diesem Sinne habe ich den Fokus auf Johann Baptist Metz, Kuno Füssel und Michael Ramminger als Vertreter der Politischen Theologie gelegt. Alle drei teilen grundsätzlich mit Badiou den Anspruch eine nachidealistische Theorie bzw. Theologie zu entwickeln. Darin besteht das grundsätzliche Programm der Politischen Theologie. Füssel und Ramminger rezipieren darüber hinaus seit vielen Jahren intensiv die zeitgenössische französische Philosophie inklusive Badiou.

Badious Differenzierung des Universalismusbegriffs ist für die Politische Theologie anschlussfähig. Auch dort werden Differenzierungen im Universalismusbegriff vorgenommen. So entwickelte Metz gegen einen herrschaftsförmigen Universalismus einen, der die allgemeine Geltung der Autorität der Leidenden betont. Ich habe auch gezeigt, dass die Kategorie des Leidens, die für die Politische Theologie von essentieller Bedeutung ist, bei Badiou nicht vorkommt. Diese Kategorie scheint mir meines Erachtens aber nicht in einem prinzipiellen Gegensatz zu seiner Pauluslektüre zu stehen. Insofern Badiou einen eindeutig egalitär ausgerichteten Universalismus vertritt, der die jeweiligen Identitäten adressiert, wäre es möglich, die Kategorie des Leidens zu integrieren.

Auch dem seit einigen Jahren in den verschiedenen politischen Theologien herrschenden Gegensatz von universalistischen und partikularistischen Ansätzen kann mit einer Differenzierung des Universalismusbegriffs begegnet werden. Der Vorwurf eines Herrschaftsuniversalismus greift dann nicht, wenn Universalismus mit einer notwendig egalitären Adressierung begriffen wird. Im Gegenteil, ein so verstandener Universalismus bietet auch ein Kriterium, anhand dessen die Praxis des Subjekts bewertet werden kann. Er kann nur dann seine Gültigkeit beanspruchen, wenn er tatsächlich für alle gelten kann und die Adressierung an alle vom Subjekt auf egalitäre Weise praktiziert wird. Es handelt sich dementsprechend nicht um einen abstrakten, sondern um einen „konkreten Universalismus“ (Metz), der praktisch realisiert werden muss. Ramminger spricht deshalb im Anschluss an Balibar und Badiou von einer „Politik des Universalismus“.

Im Anschluss daran habe ich die Frage nach der Realisierung der Egalität, die aus einem Ereignis hervorgeht, gestellt und untersucht, ob die christlich verstandene Apokalypse als Ereignis interpretiert werden kann. Denn in der Politischen Theologie wird das apokalyptische Denken als Hoffnung auf die Rettung der Leidenden verstanden. Dieses Denken folgt aus der Leidenssensibilität der Politischen Theologie. Ist die als Rettung verstandene Apokalypse als Ereignis im Badiou'schen Sinn zu interpretieren? Die Analyse hat ergeben, dass sich Badiou gegen die Hoffnung auf zukünftige Ereignisse wendet. Ein Ereignis verweist nicht auf ein weiteres Ereignis. Das bedeutet, dass die Realisierung der Egalität, die aus einem Ereignis folgt, kein weiteres Ereignis darstellt. Ein Ereignis steht somit für sich. Es ist reiner Beginn. Tatsächlich ist die Realisierung der Egalität bei Badiou von der treuen Praxis des Subjekts abhängig, aber die Realisierung spielt in Badious Paulusbuch keine explizite Rolle. Das Apokalypseverständnis der Politischen Theologie lässt sich hingegen auch mit Badious Begriffen als Ereignis begreifen. Insofern Apokalypse als Abbruch der Leidenszeit das Bestehende unterbricht und das Reich Gottes als etwas Neues einführt, teilt es zentrale Charakteristika mit Badious Ereignisbegriff.

Dieses Ergebnis hat mich zu der Frage geführt, ob Subjekte im Badiou'schen Sinn auch scheitern können. Welche Konzepte bietet Badiou an, um vom Scheitern sprechen zu können? Diese Problematik war in der Politischen Theologie in einer Diskussion um die Idee vom „Ende der Großen Erzählungen" implizit präsent. Ton Veerkamp postulierte das Ende der Großen Erzählung der Bibel angesichts der Postmoderne und folgerte daraus, dass Theologie sinnvoll nur noch als Trauerarbeit praktiziert werden könne. Ramminger setzte Veerkamp entgegen, dass die Möglichkeit von einem Neubeginn, das heißt, die Möglichkeit eines Ereignisses nicht ausgeschlossen werden kann, was Badiou aufgezeigt hat. Ich bin zu dem Ergebnis gekommen, dass es zwar prinzipiell möglich ist, vom Scheitern eines Subjekts sprechen. Jedoch ist es im Anschluss an Badiou (und Ramminger) naheliegender, von Niederlagen eines Subjekts zu sprechen, da die Möglichkeit eines Neuanfangs nie ausgeschlossen werden kann. Badious Theorie des Ereignisses und des Subjekts führt dementsprechend zu einem

Verständnis von Praxis, welches grundsätzlich auf ein „Weitermachen" ausgerichtet ist. Ramminger verbindet diesen Gedanken mit der Formulierung, dass Theologie „Apologie einer Hoffnung" sein soll. Dies gilt jedoch nur für Situationen, in denen die treue Praxis des Subjekts in Frage steht, denn generell legt Badiou weiterhin den Fokus auf die Treue zu vergangenen Ereignissen, die noch ihrer Realisierung harren. Die Hoffnung auf zukünftige Ereignisse steht absolut nicht in einem Widerspruch zu seinem Ansatz, sondern wäre eine (deutliche) Akzentverschiebung, denn grundsätzlich braucht es, so Badiou, keine weiteren Ereignisse. Aber wenn sie geschehen, sollten sie als solche erkannt und aus ihnen Konsequenzen gezogen werden.

Im letzten Kapitel habe ich mich der Funktion von Theorie und Theologie selbst gewidmet. Ich habe die Gemeinsamkeiten im Verständnis von Theorie als Denken von Veränderung bei Badiou und der Politischen Theologie aufgezeigt. Beide Ansätze werden als nachidealistische bzw. materialistische Theorien/Theologien begriffen. Mit Füssel und Brecht kann dieses Theorieverständnis auch als „eingreifendes Denken" bezeichnet werden. Auch hier war die Verortung von Badiou in die kritische Auseinandersetzung mit Karl Marx und dem Marxismus hilfreich, um ein differenziertes Verständnis von Veränderung zu erlangen. Ich konnte dadurch zeigen, dass sich Badious Ereignistheorie von einem Denken, dass Veränderungen ausschließlich in Form von Gesetzmäßigkeiten versteht, wie es manche Interpretationen des Marx'schen Werks tun, unterscheidet. Der Ereignisbegriff behauptet ein aleatorisches Moment in Veränderungsprozessen, das von einem Subjekt aktiv aufgegriffen werden muss. Eine tiefergehende Analyse zu Badious Marxinterpretation würde sich an dieser Stelle anbieten, um sein Verständnis von Veränderung deutlicher nachzuvollziehen. Mit solch einer Analyse wäre auch die Rolle der Mathematik und der Ontologie in seinem Werk unter dem Aspekt des Materialismus zu diskutieren. Gibt es eine „materialistische Mathematik"? Wie anschlussfähig ist sein Konzept der „leeren Menge"? Man könnte beispielsweise fragen, ob es sich dabei um einen theoretischen Attraktor handelt, der in Form des Begriffs Möglichkeiten im Bestehenden (in Situationen) aufzeigen soll. Gibt es vielleicht strukturelle Ähnlichkeiten dieses Begriffs zum theologischen Begriff der Hölle, der auch – in Epochen der Theologie – als Raum gedacht wurde, von dem nicht klar war, ob er Elemente enthält; also wie der Begriff der leeren Menge funktionierte, die definierbar ist, aber leer.

Im Verlauf dieses Buchs sind mehrere Ebenen der Analyse aufgekommen. Ich habe aufgezeigt, dass Badious Pauluslektüre erstens einen Beitrag zur zeitgenössischen philosophischen Diskussion um den Begriff des Universalismus leisten soll. Es ging also darum, die Problematik des Universalismus nachzuvollziehen. Zweitens bin ich der Frage nachgegangen, warum Badiou überhaupt auf Paulus zurückgreift. Und drittens habe ich die Relevanz seiner Pauluslektüre für die gegenwärtige Politische Theologie erörtert. Die Unterscheidung der verschiedenen Ebenen, war für meine Analyse immer wieder notwendig, um den Fokus der jeweiligen Frage beizubehalten.

Badiou hat das Anliegen seines Paulusbuchs als Beitrag zur Suche nach neuen „militanten“ Figuren formuliert. Historische militante Figuren sind für ihn Lenin sowie Paulus. Betrachtet man die komplizierte Beziehung von ChristInnen und KommunistInnen in der Geschichte, muss dieser Vergleich als Provokation für die ChristInnen aufgefasst werden. Doch auch für die meisten KommunistInnen dürfte dieser Vergleich eine Provokation darstellen. Ob Badiou selbst mit diesem Vergleich auf eine Provokation aus war, bleibt ungewiss. Beide Figuren sind für ihn keine zeitgenössischen. Der Marxismus-Leninismus mit seinen kommunistischen Parteiapparaten könne keine Relevanz für die Aktualität mehr entwickeln. Gleiches dürfte für die Kirche angenommen werden. Dennoch sieht er in Lenin und Paulus gleichzeitig Beispiele, von denen wir heute noch etwas lernen können. Für Badiou ist es die Begründung eines Universalismus und die damit verknüpfte Politik. Genauso war es Paulus – und möglicherweise lässt sich Lenin ergänzen – der wachsam war für ein Ereignis, das heißt für einen Moment, der seinem Leben eine völlig neue Richtung gab. Indem Badiou das Christusereignis als strukturell egalitär qualifiziert, spricht er Paulus damit – wiederum strukturell – eine emanzipatorische Praxis zu. Meines Erachtens lässt sich sein Paulusbuch aus christlich-theologischer Perspektive tatsächlich als produktive Provokation verstehen. Die Herausforderung besteht nun darin, christlich-theologisch aufzuzeigen, dass die jesuanische Nachfolge von Paulus und den ChristInnen nicht nur strukturell einen emanzipatorischen Charakter aufweisen kann, sondern auch tatsächlich. Doch auch hier gilt die Nicht-Identität von Begriff und Handlung. Erst im emanzipatorischen und egalitären Handeln der ChristInnen wird die Wahrheit der universalen Hoffnung bezeugt.

7. Ausblick

Alain Badiou schrieb sein Paulusbuch Ende der 1990er Jahre auf der Suche nach einer, wie er es nannte, „neuen militanten Figur". Seiner Auffassung nach prägten Nationalismus, Rassismus, neoliberaler Kapitalismus, die Verwertung nahezu aller Lebensbereiche, sogar die Integration zunächst emanzipatorischer Ansätze diese Zeit. Doch das ist nicht alles. Badiou erkannte auch die verbreitete Suche nach Alternativen zu diesen destruktiven Bewegungen: die Suche nach der neuen militanten Figur, die Lenin nachfolgen könnte. Um diese Figur auszumachen, hat Badiou den langen Weg über den Apostel Paulus genommen. Im Vorwort seines Paulusbuchs schreibt er deshalb:

> Wenn ein Schritt nach vorn an der Tagesordnung ist, kann unter Umständen auch der größte Schritt zurück von Nutzen sein. Daher diese Reaktivierung des Paulus.[1]

Meines Erachtens hat Badious Paulusinterpretation und seine Gesellschaftsdiagnose der 1990er Jahre nichts an Relevanz verloren. In den letzten Jahren, spätestens seit dem Sommer 2015, ist die Migration und das Migrationsmanagement zu dem Thema der EU geworden. Häufig handelt sich dabei um militärische (oftmals tödliche) Abschottungspraxis oder die teilweise Integration in die extremen Dumpinglohnsektoren.[2] Ähnliches gilt weltweit. Barack Obama, der Expräsident der USA, hat während seiner Amtszeit riesige Abschiebewellen und massive Grenzkontrollen veranlasst, auf die Donald Trump nun seine aggressiven Botschaften vom Mauerbau aufsattelt. Grenzsicherung, Mauern, Zäune, Lager und

---

1 Badiou: Paulus, 8.

2 So können Papierlose keine Arbeitsverträge oder Krankenversicherungen abschließen und haben dementsprechend keinerlei Möglichkeiten überhaupt irgendetwas zu beanspruchen.

militarisierte Polizei sind vielleicht zu *den* Symbolen der Gegenwart geworden.

Doch wie es Badiou für die 1990er Jahre ausgemacht hat, lässt sich auch heute die Suche nach „neuen militanten Figuren" erkennen. Ich meine hier diejenigen Menschen, die sich unbedingt für ein solidarisches Zusammenleben einsetzen und dafür Mauern, Grenzen, Polizeien und Verwertungsprozesse des Kapitalismus in Frage stellen und zu überwinden suchen.

Mit dem Apostel Paulus rekurriert Badiou auf einen Menschen und eine Kirche, die identitäre Grenzen wenigstens ansatzweise überwinden konnte. Als Grund dafür nennt Badiou das Christusereignis, das die unterschiedlichsten Menschen zu vereinen ermöglichte. Schon allein die prinzipielle Adressierung an alle Menschen beinhaltet für Badiou ein Egalitätsprinzip, durch das sich identitäre Unterschiede bis zur Bedeutungslosigkeit relativieren lassen. Mit Paulus kann also wenigstens theoretisch aufzeigt werden, dass die Möglichkeit besteht, einen wahren egalitären Universalismus zu denken, der nicht unterdrückend wirkt. Doch was bedeutet das für uns? Welche Konsequenzen lassen sich daraus für ein grenzenloses Zusammenleben aller Menschen oder wenigstens für eine Politik, die ein solches anstrebt, ziehen? Für Badiou ist es heute natürlich nicht das Christusereignis, das ein (politisches) Subjekt hervorbringt, denn er kann das Christusereignis nur als eine Fabel deuten. Damit bietet sein Paulusbuch zwar eine über Paulus vermittelte formale Theorie des Universalismus und des Subjekts, jedoch keine „inhaltliche" Antwort auf das Problem des Kapitalismus und Nationalismus. Das heißt: Wenn nicht das Christusereignis das politische Subjekt heute hervorruft, das alle Menschen zu Gleichen machen kann, welches Ereignis könnte es dann leisten?

Badiou greift hier auf die sogenannte „Idee des Kommunismus" zurück. Ihm geht es dabei nicht um die Reaktivierung einer kommunistischen Partei oder einer theoretischen Dogmatik, sondern vornehmlich um den Namen „Kommunismus", der eine egalitäre Politik benennt: „Aus meiner Sicht gibt es keinen Grund, ihren [die Idee einer Alternative zum Kapitalismus, P.G.] Namen zu ändern, man sollte vielmehr die Inhalte und die Lösungsvorschläge überdenken."[3] Das beinhaltet auch und vor allem, die Geschichte der bisherigen sozialistischen Staaten zu überdenken, um aus Fehlschlüssen zu lernen. Badiou nennt vier Punkte, die er im Marx'schen Denken bezüglich des Kommunismus erkennt: 1. die „Abschaffung des Privateigentums, des Eigentums der Produktionsmittel", 2. die „vollständige Transformation der Logik der Arbeitsteilung", die beispielsweise die Überwindung von Ungleichheiten (z.B. zwischen Männern und Frauen) impliziert, 3. die internationale Umsetzung dieser Politik (Internationalismus), 4. „ein Absterben der Staaten" auf Grund der Notwendigkeit einer „globalen Regierung"[4]. An diesen Punkten muss sich nach Badiou jede vergangene wie aktuelle kommunistische Politik messen lassen. Diese vier Punkte zeigen, dass er Politik in universalistischer und egalitärer Absicht nicht bloß auf einer individuellen „moralischen" Ebene verortet. Die Idee des Kommunismus ist für Badiou kein Ideal, für das man sich nur zu entscheiden braucht, sondern diese Idee beinhaltet umfangreiche gesellschaftliche Veränderungen. Die persönliche Entscheidung spielt zwar, wie bereits in diesem Buch diskutiert, eine zentrale Rolle, sie reicht aber nicht aus, um wahre Egalität zu verwirklichen. Es bedarf einer Veränderung oder Überwindung der Strukturen, die Ungleichheit und Herrschaft produzieren. Die Proklamation der Gleichheit wird an die Überwindung unterdrückender Strukturen gebunden.

In seinem Paulusbuch konzentriert sich Badiou auf das Moment des Universalismus und die Problematik der partikularen Identitäten. Die Überwindung von unterdrückenden Strukturen wird dort noch nicht so explizit entfaltet wie in dem 2017 veröffentlichten Interview mit Peter Engelmann. Es steht eher die

3 Badiou: Gemeinwohl, 22.

4 Ebd., 23 f.

Möglichkeit der Veränderung, die subjektive Disposition, statt die Umsetzung der Veränderung im Fokus. Denn auch wenn Badiou die Suche nach einer militanten Figur wahrnimmt, muss doch eingeräumt werden, dass diese Figur in den 1990er Jahren wie heute kaum existiert und immer noch einen prekären Status besitzt. Er spricht deshalb auch von einer alternativen Kraft, die erst aufgebaut werden muss und für deren Aufbau man sich entscheiden muss.[5]

Für die Christinnen und Christen sowie für die Theologie stellt Badious Interpretation des Paulus eine ernsthafte Herausforderung dar. Seiner Auffassung nach fehlt es aktuell nicht nur an einem politischen Subjekt, sondern das christliche Subjekt – überhaupt jeder christliche Inhalt wie die Auferstehung – kommt nicht für eine egalitäre Politik (Praxis) in Frage. Diese Herausforderung ist natürlich nicht neu und wird (nicht erst) seit den Anfängen der Politischen Theologie in den 1960er Jahren intensiv diskutiert. Johann Baptist Metz, Karl Rahner, Kuno Füssel und viele andere suchten deshalb aktiv den Dialog mit „dem" Marxismus, der in dieser Zeit als relevanter Bezugspunkt für emanzipatorische Politik gesehen wurde. Die Auseinandersetzung mit dem Marxismus sowie der Kritischen Theorie der Frankfurter Schule gehörte zum genuinen Entstehungsmoment der Politischen Theologie.[6] Eine zentrale Erkenntnis aus dieser Auseinandersetzung stellte eine neue Einschätzung des Verhältnisses von Theorie und Praxis dar. Theorie bzw. Theologie wurde notwendig an die Praxis der ChristInnen in Form solidarischer Subjektwerdung geknüpft. Ančić formuliert treffend: „Die Glaubenswahrheit erschließt sich uns vor allem im Tun."[7] Das Tun, die solidarische Praxis, wurde

5 Ebd., 42 f. und 49-59.

6 Vgl. die ausführliche Arbeit von Nedjeljko Ančić zur großen Bedeutung der „marxistischen Herausforderung" für die Politische Theologie: Ančić: „Politische Theologie".

7 Ančić: „Politische Theologie", 99. In der Politischen Theologie wird in diesem Zusammenhang auch der Begriff der Orthopraxis verwendet. Ebd., 88-98.

als mögliche Verbindung der ChristInnen mit anderen auf Emanzipation ausgerichteten Menschen herausgestellt. Der solidarischen (politischen) Praxis wird damit in diesem Zusammenhang der Vorrang vor positiven Glaubenswahrheiten gegeben und diese Praxis bestimmt sich in der Politischen Theologie aus dem Nicht-Sein-Sollen ungerechten Leidens.[8] Angesichts unterschiedlicher Ideen und weltanschaulicher Vorstellungen bietet, so Metz, die negative Bestimmung, das heißt die Kritik, einen gemeinsamen Bezugspunkt:

> Hinsichtlich der Kooperation [zwischen Christen und Nichtchristen, P.G.] bietet sich deshalb primär eine kritisch-negative Haltung und Erfahrung an: die Erfahrung des bedrohten Humanen, die Erfahrung der Bedrohtheit von Freiheit, Gerechtigkeit und Frieden.[9]

Mit seinem Paulusbuch schlägt Badiou als positive Begriffe Universalismus und Gleichheit vor. Dass Badiou und Metz (die Politische Theologie) zunächst von unterschiedlichen Bezugspunkten ausgehen, ist meines Erachtens kein grundsätzlicher Widerspruch, sondern sie lassen sich miteinander vermitteln. Obgleich Badiou die Erfahrung des bedrohten Humanen als theoretischen Ausgangspunkt ablehnt, wie ich bereits dargestellt habe, scheint mir im Dialog zwischen seiner Philosophie und der Politischen Theologie eine Diskussion über den Aspekt der Negativität dennoch weiterführend zu sein. Denn politisch greift auch Badiou auf die Überwindung der menschlichen Bedrohungen zurück. Im Gespräch mit Badious Philosophie ließe sich mit der Bezugnahme auf die „Erfahrung der Bedrohtheit“ das Denken des Universalismus politisch wie theoretisch deutlicher mit Kriterien ausstatten. Umgekehrt stehen auch der Politischen Theologie minimale positive Bestimmungen von universaler Ausrichtung und Gleichheit

8 Im Sinne der in der Einleitung formulierten Formulierung Füssels: „Weltauslegung als Weltveränderung, […], Orthopraxis als Kriterium der Orthodoxie […].“ Füssel: Sprache, 142.

9 Metz: Zur Theologie der Welt, 115.

nicht fern. Beiden Ansätzen ist die Einsicht gemeinsam, dass die theoretische Reflexion nicht die politische Praxis (die solidarische Subjektwerdung) ersetzen kann. Solch ein Gespräch könnte vielleicht auch dazu beitragen, mögliche Allianzen zwischen ChristInnen und NichtchristInnen bzw. KommunistInnen im Sinne Badious herzustellen, um den gegenwärtigen Nationalismus und den neoliberalen Kapitalismus – die Herrschaftsverhältnisse – zu überwinden.[10]

10 Benedikt Kern hat kürzlich analysiert, wie Papst Franziskus die Nähe zu Sozialen Bewegungen sucht. Vielleicht werden sich in Zukunft dort ungewohnte Allianzen bilden. Ders.: Radikal Welt verändern. Papst Franziskus und die Sozialen Bewegungen, Münster 2018. Vgl. auch Geitzhaus: Allianzen.

Literaturverzeichnis

Ackermann, Cordula/Geitzhaus, Philipp: Melting Pot? The encounter of Liberation Theology and Postcolonial Theology, in: Ecumenical Association of Third World Theologians: Voices. Theological journal. Volume XL 2017/2, November-December 2017. Online verfügbar unter http://eatwot.net/VOICES/VOICES-2017-2.pdf (zuletzt abgerufen am 20.01.2018), 115-124.

Adorno, Theodor W.: Negative Dialektik, in: Ders.: Gesammelte Schriften, Band 6, herausgegeben von Rolf Tiedemann u.a., Frankfurt am Main [7]2015, 7-411.

Adorno: Theodor W.: Jargon der Eigentlichkeit, in: Gesammelte Schriften Bd. 6, herausgegeben von Rolf Tiedemann u.a., Frankfurt am Main [7]2015, 413-523.

Agamben, Giorgio: Die Zeit, die bleibt. Ein Kommentar zum Römerbrief, Frankfurt a.M [4]2012.

Althusser, Louis: Ideologie und ideologische Staatsapparate, 1. Halbband, hgg. von Wolf, Frieder Otto, Hamburg [2]2016.

Ančić, Nedjeljko: Die „Politische Theologie" von Johann Baptist Metz als Antwort auf die Herausforderung des Marxismus, Frankfurt am Main 1981.

Badiou, Alain: Théorie du sujet, Paris 1982.

Badiou, Alain: L'être et l'événement, Paris 1988.

Badiou, Alain: Saint Paul. La fondation de l'universalisme, Paris 1997.

Badiou, Alain: Gott ist tot. Kurze Abhandlung über eine Ontologie des Übergangs, Wien 2002.

Badiou, Alain: Über Metapolitik. Zürich-Berlin 2003.

Badiou, Alain: Das Sein und das Ereignis, Berlin 2005.

Badiou, Alain: Kleines Handbuch zur Inästhetik, Wien 2008.

Badiou, Alain: Wofür steht der Name Sarkozy?, Zürich-Berlin 2008.

Badiou, Alain: Wittgensteins Antiphilosophie, Zürich-Berlin 2008.

Badiou, Alain: Paulus. Die Begründung des Universalismus, Zürich-Berlin 2009.

Badiou, Alain: Manifest für die Philosophie, Wien ²2010.

Badiou, Alain: Zweites Manifest für die Philosophie, Wien 2010.

Badiou, Alain: Ist Politik denkbar? Berlin 2010.

Badiou, Alain: Logiken der Welten. Das Sein und das Ereignis 2, Zürich-Berlin 2010.

Badiou, Alain: Die kommunistische Hypothese, herausgegeben von Ruda, Frank/Völker, Jan, Berlin 2011.

Badiou, Alain: Ist der Sozialismus das Reale der kommunistischen Idee?, in: Ders./Žižek, Slavoj (Hg.): Die Idee des Kommunismus Bd. 2, Hamburg 2012, 11-22.

Badiou, Alain: Philosophie und die Idee des Kommunismus. Im Gespräch mit Peter Engelmann, Wien 2013.

Badiou, Alain: Theorie des Subjekts, Zürich-Berlin 2014.

Badiou, Alain: Lacan Antiphilosophie 3, Wien 2015.

Badiou, Alain: Le Séminaire. Nietzsche, L'antiphilosophie 1, 1992-1993, Paris 2015.

Badiou, Alain: Qu'est-ce que j'entends par marxisme? Une conférence donnée par Alain Badiou au séminaire étudiant lectures de Marx, Paris 2016.

Badiou, Alain: Versuch, die Jugend zu verderben, Berlin 2016.

Badiou, Alain: Für eine Politik des Gemeinwohls. Im Gespräch mit Peter Engelmann, Wien 2017.

Badiou, Alain: Trump. Amerikas Wahl, Wien 2017.

Badiou, Alain/Tarby, Fabien: Die Philosophie und das Ereignis, Wien 2012.

Badiou, Alain/Žižek, Salvoj (Hg.): Die Idee des Kommunismus Bd. 2, Hamburg 2012.

Badiou, Alain/Žižek, Salvoj (Hg.): Die Idee des Kommunismus Bd. 3, Hamburg 2015.

Balibar, Étienne: Der Schauplatz des Anderen. Formen der Gewalt und Grenzen der Zivilität, Hamburg 2006.

Balibar, Étienne: Des Universels. Essais et conférences, Paris 2016.

Bedenbender, Andreas/Boer, Dick/Hippchen, Alexandra/Jankowski, Gerhard (Hg.): Weiter denken. Festschrift für Ton Veerkamp zum 80. Geburtstag, in: Texte und Kontexte. Exegetische Zeitschrift, Nr. 141-143. 37. Jahrgang 1-3/2014.

Belo, Fernando: Das Markusevangelium materialistisch gelesen, Stuttgart 1980.

Boer, Dick: Erlösung aus der Sklaverei. Versuch einer biblischen Theologie im Dienst der Befreiung, Münster 2008.

Boer, Dick/Füssel, Kuno/Ramminger, Michael: Vorwort, in: Dies. (Hg.): Was verdrängt, aber nicht ausgelöscht werden kann. Diskussion über das Schicksal der Großen Erzählung, Münster 2014.

Boer, Dick: Theopolitische Existenz. Von gestern, für heute, Berlin-Münster 2017.

Boff, Leonardo: Jesus Christus, der Befreier, Freiburg i. B., Basel, Wien, [2]1987.

Bosteels, Bruno: Radical Antiphilosophy, in: Filozofski vestnik: Volume/Letnik XXIX. Number/Številka, 2008, 155–187.

Bosteels, Bruno: Alain Badiou. Werdegang eines Streitbaren, Hamburg 2012.

Brasser, Martin (Hg.): Paulus und die Politik/ Paul and Politics, Rosenzweig Jahrbuch 4.

Brasser, Martin: Politisch man selbst sein. Badiou, Agamben, Žižek und Rosenzweig über Paulus, in: Ders.: Paulus und die Politik/ Paul and Politics, Rosenzweig Jahrbuch 4, 59-78.

Brossat, Alain: Plebs invicta, Berlin 2012.

Bröckling, Ulrich/Feustel, Robert (Hg.): Das Politische denken. Zeitgenössische Positionen, Bielefeld 2010.

Butler, Judith/Laclau, Ernesto/Žižek, Slavoj: Contingency, Hegemony, Universality. Contemporary Dialogues on the Left, London 2000.

Castro Varela, María do Mar/Dhawan, Nikita: Postkoloniale Theorie. Eine kritische Einführung, Bielefeld [2]2015.

De Kesel, Marc/Hoens, Dominiek (Hg.): Wieder Religion?. Christentum im zeitgenössischen kritischen Denken. Lacan, Žižek, Badiou u.a., Wien 2006.

De Kesel, Marc: Religion als Kritik, Kritik als Religion: Einige Reflexionen zur monotheistischen Schwäche der zeitgenössischen Kritik, in: Ders./Hoens, Dominik: Wieder Religion? Christentum im zeitgenössischen kritischen Denken, Wien 2006, 15-39.

Douzinas, Costas/Žižek, Salvoj (Hg.): Die Idee des Kommunismus Bd. 1, Hamburg 2012.

Engel, Ulrich: Politische Theologie „nach" der Postmoderne. Geistergespräche mit Derrida und Co., Ostfildern [2]2016.

Engelmann, Peter: Einführung. Postmoderne und Dekonstruktion. Zwei Stichwörter zur zeitgenössischen Philosophie, in: Ders. (Hg.): Postmoderne und Dekonstruktion. Texte französischer Philosophen der Gegenwart, Stuttgart 1990, 5-32.

Farrán, Roque: Badiou y Lacan. El Anudamiento del Sujeto, Buenos Aires 2014.

Finkelde, Dominik: Politische Eschatologie nach Paulus. Badiou, Agamben, Žižek, Santner, Wien 2007.

Füssel, Kuno: Sprache, Religion, Ideologie. Von einer sprachanalytischen zu einer materialistischen Theologie, Frankfurt am Main, Bern 1982.

Füssel, Kuno: Zeichen und Strukturen. Einführung in Grundbegriffe, Positionen und Tendenzen des Strukturalismus, Münster 1983.

Füssel, Kuno: Drei Tage mit Jesus im Tempel. Einführung in die materialistische Lektüre der Bibel, Münster 1987.

Füssel, Kuno: Es gilt, absolut plural zu sein. Kritische Überlegungen zum Diskurs der Postmoderne, in: Ders./Sölle, Dorothee/Steffensky, Fulbert: Die Sowohl-als-auch-Falle. Eine theologische Kritik des Postmodernismus, Luzern 1993.

Füssel, Kuno: Der NAME und das Nichts. Linguistische und epistemologische Überlegungen zu „Die Welt ist anders" von Ton

Veerkamp, in: Boer, Dick/Füssel, Kuno/Ramminger, Michael (Hg.): Was verdrängt, aber nicht ausgelöscht werden kann. Diskussion über das Schicksal der Großen Erzählung, Münster 2014, 69-94.

Geitzhaus, Philipp: Die Suche nach Allianzen. Papst Franziskus und die „Idee des Kommunismus“, in: Christin und Sozialistin/Christ und Sozialist. Blätter des Bundes der Religiösen Sozialistinnen und Sozialisten Deutschlands, 4/2017, Herford 2017, 11-18.

Geitzhaus, Philipp: Wiederkehr der Religion? Alain Badiou entdeckt das Christentum, in: Ramminger, Michael/Segbers, Franz (Hg.): „Alle Verhältnisse umzuwerfen und die Mächtigen vom Thron zu stürzen“. Gemeinsames Erbe von Marx und den Christen, Hamburg-Münster 2018, 182-193.

Geitzhaus, Philipp: Karl Marx grüßt die Politische Theologie. Zur Kritik der neuesten politischen Theologie, in: Ethik und Gesellschaft 1/2018 „... auf den Schultern von Karl Marx“. Online verfügbar unter http://www.ethik-und-gesellschaft.de/ojs/index.php/eug/article/view/1-2018-art-8/554.

Geitzhaus, Philipp/Lis, Julia: Ambivalente Subjekte. Befreiungstheologie und Nachfolgepraxis im Neoliberalismus, in: Gmainer-Pranzl, Franz/Lassak, Sandra/Weiler, Birgit (Hg.): Theologie der Befreiung heute. Herausforderungen, Transformationen, Impulse, Innsbruck 2017, 155-174.

Greshake, Gisbert: Artikel Eschatologie. Systematisch-theologisch, in: Lexikon für Theologie und Kirche, Bd. 3, Freiburg im Breisgau ^{3}2009, 874-876.

Hallward, Peter: Gleichheit und Gerechtigkeit. Badiou und die Politik, ein Nachwort, in: Badiou, Alain: Metapolitik, 163-191.

Haug, Wolfgang Fritz: Hightech-Kapitalismus in der großen Krise, Berlin 2012.

Hinkelammert, Franz J.: Der Fluch, der auf dem Gesetz lastet. Paulus von Tarsus und das kritische Denken, Luzern 2011.

Hirsch, Michael: Das Axiom der Egalität und die elitäre Verselbständigung der Politik. Über Politik und Ethik bei Alain Badiou, in: Knipp, Jens/Meier, Frank (Hg.): Treue zur Wahrheit. Die Begründung der Philosophie Alain Badious, Münster 2010, 63-84.

Jankowski, Gerhard: Die große Hoffnung. Paulus an die Römer. Eine Auslegung, Berlin 1998.

Kern, Benedikt: Radikal Welt verändern. Papst Franziskus und die Sozialen Bewegungen, Münster 2018.

Kern, Benedikt/Lis, Julia: Prophetische Rede, prophetische Orte. Um „Gottes Willen" Anklage erheben, in: Institut für Theologie und Politik (Hg.): Rundbrief 42, Münster 2015, 10 f.

Kwok Pui-lan: Postcolonial Imagination & Feminist Theology, Westminster 2005. Zitiert nach Duggan, Joseph: Erkenntnistheoretische Diskrepanz . Zur Entkolonialisierung des postkolonialen theologischen „Kanons", in Concilium 2013/2.

Kurz, Robert: Schwarzbuch Kapitalismus. Ein Abgesang auf die Marktwirtschaft, Frankfurt a.M. [2]2009.

Kurz, Robert: Weltkrise und Ignoranz. Kapitalismus im Niedergang. Ausgewählte Schriften, herausgegeben von Scholz, Roswitha/Ortlieb, Claus Peter, Berlin 2013.

Lis, Julia: Zwischen Austeritätspolitik und „Willkommenskultur". Befreiungstheologie treiben in der BRD, in: Ecumenical Association of Third World Theologians: Voices. Theological journal. Volume XL 2017/2, November-December 2017. Online verfügbar unter: http://eatwot.net/VOICES/VOICES-2017-2.pdf (zuletzt abgerufen am 20.01.2018), 53-64.

Lis, Julia: Subjektwerdung unter neoliberalen Bedingungen, in: Janßen, Hans-Gerd/Prinz, Julia D. E./Rainer, Michael J.: Theologie in gefährdeter Zeit. Stichworte von nahen und fernen Weggefährten für Johann Baptist Metz zum 90. Geburtstag, Münster 2018, 285-288.

Löwy, Michael: Der Marxismus der Theologie der Befreiung, in: Ramminger, Michael/Segbers, Franz (Hg.): „Alle Verhältnisse umzuwerfen und die Mächtigen vom Thron zu stürzen." Das gemeinsame Erbe von Christen und Marx, Hamburg-Münster, 209-217.

Lyotard, Jean-François: Das Postmoderne Wissen. Ein Bericht, Wien 1986.

Marchart, Oliver: Die politische Differenz. Zum Denken des Politischen bei Nancy, Lefort, Badiou, Laclau und Agamben, Berlin 2010.

Marx, Karl: Thesen über Feuerbach, in: Marx-Engels-Werke (MEW) Bd. 3, Berlin 1990, 5-7.

Marx, Karl/Engels, Friedrich: Manifest der kommunistischen Partei, in: Marx-Engels-Werke (MEW) Bd. 4, Berlin 1977, 459-493.

Marx, Karl: Zur Kritik der Politischen Ökonomie, in: Marx-Engels-Werke (MEW) Bd. 13, Berlin 1961, 7-11.

Marx, Karl/Engels, Friedrich: Das Kapital, Band 3, in: Marx-Engels-Werke (MEW) Band 25, Berlin [16]2008.

Mate, Reyes/Zamora, José Antonio (Hg.): Nuevas teologías políticas. Pablo de Tarso en la construcción de Occidente, Barcelona 2006.

Mate, Reyes: Retrasar o acelerar el final. Occidente y sus teologías políticas, in: Ders./Zamora, José Antonio (Hg.): Nuevas teologías políticas. Pablo de Tarso en la construcción de Occidente, Barcelona 2006, 27-64.

Metz, Johann Baptist: Zur Theologie der Welt, Mainz-München [2]1969.

Metz, Johann Baptist: Glaube in Geschichte und Gesellschaft. Studien zu einer praktischen Fundamentaltheologie, Mainz [2]1978.

Metz, Johann Baptist: Memoria Passionis. Ein provozierendes Gedächtnis in pluralistischer Gesellschaft. In Zusammenarbeit mit Johann Reikerstorfer, Freiburg im Breisgau [3]2006.

Metz, Johann Baptist: Zweierlei Politische Theologie, in: Schüssler Fiorenza, Francis/Tanner, Klaus/Welker, Michael (Hg.): Politische Theologie. Neuere Geschichte und Potenziale, Neukirchen-Vluyn 2011, 13-20.

Metz, Johann Baptist: Gott in Zeit. Von der apokalyptischen Wurzel des Christentums (2016), in: Ders.: Gott in Zeit. Gesammelte Schriften, Band 5, Freiburg im Breisgau 2017, 68-77.

Moreira, Alberto da Silva: Lateinamerikanische Befreiungstheologie. Oder wie kann man ChristIn sein in einer Welt voller Ungerechtigkeit, in: Arntz, Norbert/Geitzhaus, Philipp/Lis, Julia: Erinnern und Erneuern. Provokation aus den Katakomben, Münster 2018, 143-173.

Müller, Klaus: Glauben, Fragen, Denken. Bd. 2. Weisen der Weltbeziehung, Münster 2008.

Nancy, Jean-Luc: Dekonstruktion des Christentums, Zürich-Berlin 2008.

Negri, Antonio: Kann man ohne Marx Kommunist sein?, in: Badiou, Alain/Žižek, Slavoj: Die Idee des Kommunismus, Bd. 2, Hamburg 2012, 165-177.

Palmer, Gesine: „Wir würden es jederzeit wieder tun“. Einige Überlegungen zu Rosenzweigs Anti-Konversion im Kontext der neueren Paulusrezeption, in: Brasser, Martin: Paulus und die Politik/Paul and Politics. Rosenzweig Jahrbuch 4, 25-48.

Pluth, Ed: Badiou. Eine Philosophie des Neuen. Hamburg 2012.

Power, Nina: Das kollektive politische Subjekt. Aufsätze zur kritischen Philosophie, Hamburg 2015.

Ramminger, Michael: Mitleid und Heimatlosigkeit. Zwei Basiskategorien einer Anerkennungshermeneutik, Luzern 1998.

Ramminger, Michael: Wozu noch nach dieser Lektüre die Große Erzählung lesen? Eine Auseinandersetzung mit dem Buch „Die Welt anders“, in: Boer, Dick/Füssel, Kuno/Ramminger, Michael (Hg.): Was verdrängt, aber nicht ausgelöscht werden kann. Diskussion über das Schicksal der Großen Erzählung, Münster 2014, 55-67.

Ramminger, Michael: Universalität und Pluralismus. Anfragen an die Befreiungstheologie, in: Gmainer-Pranzl, Franz/Lassak, Sandra/Weiler, Birgit (Hg.): Theologie der Befreiung heute.

Herausforderungen, Transformationen, Impulse, Innsbruck 2017, 95-110.

Ramminger, Michael: Götzen, Fetische und das Jenseits des Kapitalismus, in: Ders./Segbers, Franz (Hg.): „Alle Verhältnisse umzuwerfen und die Mächtigen vom Thron zu stürzen". Das gemeinsame Erbe von Christen und Marx, Hamburg-Münster 2018, 147-157.

Renciére, Jacques: Das Unvernehmen. Politik und Philosophie, Frankfurt am Main 2002.

Rehmann, Jan: Einführung in die Ideologietheorie, Hamburg 2008.

Reinmuth, Eckart (Hg.): Politische Horizonte des Neuen Testaments, Darmstadt 2010.

Reinmuth, Eckart (Hg.): Neues Testament und Politische Theorie. Interdisziplinäre Beiträge zur Zukunft des Politischen, Stuttgart 2011.

Ruda, Frank: For Badiou. Idealism without Idealism, Evanston/Illinois 2015.

Santner, Eric: Miracles Happen: Benjamin, Rosenweig, Freud, and the Matter of the Neighbor, in: Žižek, Slavoj/Santner, Eric/Reinhard, Kenneth: The Neighbor. Three Inquiries in Political Theology. Chicago, London 2005, 76-134.

Schottroff, Luise/Stegemann, Wolfgang: Jesus von Nazaret. Hoffnung der Armen, Kevelaer 2016.

Sobrino, Jon: Christologie der Befreiung, Ostfildern ²2008.

Strecker, Christian/Valentin, Joachim (Hg.): Paulus unter den Philosophen, Stuttgart 2013.

Taxacher, Gregor: Apokalyptische Vernunft. Das biblische Geschichtsdenken und seine Konsequenzen, Darmstadt 2010.

Ulrich, Jörg: Die heilige Diskursgemeinschaft. Oder Paulus als Habermas des frühen Christentums, online abrufbar unter http://www.exit-online.org/textanz1.php?tabelle=utorenindex=-17&posnr=208&backtext1=text1.php (abgerufen am 24.01.2018).

Veerkamp, Ton: Autonomie und Egalität. Ökonomie, Politik und Ideologie in der Schrift, Berlin 1992.

Veerkamp, Ton: Die Welt anders. Politische Geschichte der Großen Erzählung, Berlin 2013.

Völker, Jan: Unsere Zeit ist die Zeit für neue Erfindungen politischer Subjektivität. Alain Badiou und die kommunistische Hypothese, in: Widerspruch. Münchener Zeitschrift für Philosophie Nr. 55, 2012, 19-30.

Von Fromberg, Daniel: Vergesst Platon! Von Badious Zauberwald zur Organisationsfrage, in Analyse und Kritik. Zeitung für linke Debatte und Praxis, Nr. 526. http://www.akweb.de/ak_s/ak526/4-1.htm (abgerufen am 26.09.2017).

Widmer, Peter: Subversion des Begehrens. Eine Einführung in Jacques Lacans Werk, Wien [2]2016.

Zamora, José Antonio: Krise, Kritik, Erinnerung, Ein politisch-theologischer Versuch über das Denken Adornos im Horizont der Krise der Moderne, Münster-Hamburg 1995.

Zamora, José Antonio: Mesianismo y escatología. La resurrección política de Pablo, in: Iglesia viva Nr. 241, Januar-März 2010, 71-101.

Zeillinger, Peter: Dem Ereignis nach-denken. Hat Badious Philosophie eine Zukunft?, in Knipp, Jens/Meier, Jens (Hg.): Treue zur Wahrheit. Die Begründung der Philosophie Alain Badious, Münster 2010, 221-237.

Žižek, Slavoj: Die Tücke des Subjekts, Frankfurt am Main 2001.

Žižek, Slavoj: Die Puppe und der Zwerg. Das Christentum zwischen Perversion und Subversion, Frankfurt am Main 2003.

Žižek, Slavoj: Totalitarismus. Fünf Interventionen zum Ge- oder Missbrauch eines Begriffs, Hamburg 2012.

Zwick, Reinhold: Pasolinis Paulus. Nachgedanken zu einem nicht realisierten Filmprojekt, in: Wort und Antwort 49, Ostfildern 2008, 124-131.

Edition ITP-Kompass

Bücher zur Befreiungstheologie, zur Politischen Theologie und zur Pädagogik aus dem Institut für Theologie und Politik

Andreas Hellgermann

kompetent. flexibel. angepasst.
Zur Kritik neoliberaler Bildung

Neoliberale Bildung ist allgegenwärtig geworden. Und sie hat eine Aufgabe: Den neoliberalen globalen Kapitalismus abzusichern und die Subjekte zu produzieren, die er braucht. *kompetent. flexibel. angepasst.* durchleuchtet diesen Zusammenhang und sucht mit Paulo Freire nach Möglichkeiten, sich dem nicht zu unterwerfen.
Edition ITP-Kompass Bd. 25, Münster 2018, 180 S.

Benedikt Kern

Radikal Welt verändern
Papst Franziskus und die Sozialen Bewegungen

Auf den Welttreffen der Sozialen Bewegungen mit Papst Franziskus ging es um grundsätzliche Veränderungen der globalen Verhältnisse. Diese Allianz ist eine Konkretion des Reformprogramms einer Kirche der Armen, die parteilich zum „erlösenden Wandel" beiträgt. Worin liegen hier die Chancen und Begrenzungen?
Edition ITP-Kompass Bd. 24, Münster 2018, 248 S.

Arbeitskreis ReligionslehrerInnen im Institut für Theologie und Politik (Hg.)

Religionsunterricht unter freien Himmel
Anstöße zur Kritik des neoliberalen Götzendienstes in der Schule

Seit dem Jahr 2000 hat der AK ReligionslehrerInnen den Durchmarsch der neoliberalen Bildungspolitik in Wort und Tat kritisch begleitet. Die Artikel reflektieren aus befreiungstheologischer und pädagogischer Sicht die Theorie des kompetenzorientierten Unterrichts und setzen Alternativen dagegen.
Edition ITP-Kompass Bd. 23, Münster 2018, 120 S.

Norbert Arntz/Philipp Geitzhaus/Julia Lis (Hg.)

Erinnern und Erneuern
Provokation aus den Katakomben

„Erinnern und Erneuern – Provokation aus den Katakomben" knüpft an den Katakombenpakt von 1965 an und schreibt ihn weiter. 40 Bischöfe verpflichteten sich vor über 50 Jahren auf das Programm einer armen und politisch engagierten Kirche. Angesichts von Globalisierung, Flucht und Armut birgt dieser Pakt heute eine ungeahnte Relevanz für die Kirche des 21. Jahrhunderts.
Edition ITP-Kompass Bd. 22, Münster 2018, 292 S.

Weitere Veröffentlichungen unter www.itpol.de
Bestellungen an: buecher@itpol.de oder Institut für Theologie und Politik (ITP), Friedrich-Ebert-Str. 7, 48153 Münster.

Institut für Theologie und Politik

Das Institut für Theologie und Politik (ITP) ist unabhängig, aber parteilich. Befreiungstheologie ist unser Ansatzpunkt, um Gesellschaft zu begreifen, Herrschaftsverhältnisse in Frage zu stellen und solidarische Alternativen zu entwickeln. Seit 1993 ist der Träger des ITP ein als gemeinnützig und wissenschaftlich anerkannter Förderverein.

Das ITP ist ein Multiplikator befreiungstheologischer Theorie und Praxis unter aktuellen globalen gesellschaftlichen Bedingungen und Schnittstelle zwischen Kirche und Sozialen Bewegungen.

Es geht darum, neue Machtverhältnisse zu schaffen und zwar von unten her. Ein Wandel der Verhältnisse geschieht aber nicht von allein, sondern braucht Reflexion, Organisation, Beratung und Begleitung.

Wir wollen uns gemeinsam mit allen auf den Weg zu einer anderen Kirche und Gesellschaft machen, die dem Reich Gottes näher kommt, als das, was heute als alternativlos gilt.

Das ITP wird getragen von einem gemeinnützigen Förderverein. Dies bringt inhaltliche Unabhängigkeit, aber auch ökonomische Unsicherheit mit sich. Arbeit wird vor allem durch ehrenamtliches Engagement der MitarbeiterInnen geleistet. Finanziert wird das ITP vor allen Dingen durch Spenden.

Weitere Informationen unter www.itpol.de